www.ingramcontent.com/pod-product-compliance
Lightning Source LLC
LaVergne TN
LVHW021941220826
846092LV00010B/1198

Der, Die, Das

أسرار أدوات التعريف في اللغة الألمانية

تأليف
كونستنتين فايناس

الترجمة العربية :
أمينة عفاف شايب

Der, Die, Das : أسرار أدوات التعريف في اللغة الألمانية
المؤلف : كونستنتين فايناس
الترجمة العربية : أمينة عفاف شايب، بمساهمة هند جبالة

يتوفر سجل فهرس هذا الكتاب في المكتبة الوطنية السويسرية في فهرس الكتاب السويسري Schweizer Buch and Helveticat. يمكن الاطلاع على الفهرس على موقع الويب www.nb.admin.ch

ISBN: 978-3-9525064-1-7

معلومات إضافية على موقع الويب www.der-die-das.ch

Der, Die, Das: The Secrets of German Gender
Author: Constantin Vayenas
Translated into Arabic by Amina Afaf Chaieb, with the contribution of Hind Jbala

A catalogue record of this book is available from the Swiss National Library in the catalogues Schweizer Buch and Helveticat. Both catalogues are available online (www.nb.admin.ch).

ISBN: 978-3-9525064-1-7 (Printed version)

Additional information on www.der-die-das.ch

فهرس المحتويات

مقدمة

الأجانب الذين يودُّون اتقان اللغة الألمانية يواجهون تحديا عسيرا يضعف ثقتهم بأنفسهم، ويعود ذلك إلى عدم قدرتهم على تحديد الجنس النحوي للعديد من الأسماء. وبما أن أكثر من 70%[1] من اللغة الألمانية عبارة عن أسماء، فهذا التحدي يشكل عقبة كبيرة أمامهم. علاوة على ذلك، إذا أخذنا في الاعتبار أن أدوات التعريف (المذكر) *der*، (المؤنث) *die*، (المحايد) *das* هي الكلمات الأكثر استعمالا في اللغة الألمانية[2]، فإن عدم إتقان استعمالها يجعل الأمر محرجاً. وحتى لو قضى الطلاب الأجانب الكثير من وقتهم في دراسة اللغة الألمانية، فأنهم يعلمون أن استعمال أداة التعريف الخاطئة يجعلهم يبدون غير متعلمين ويشتت ذهن المستمع عن الرسالة الأساسية.

لماذا يصعب على الطلاب الأجانب التمكن من الجنس النحوي للأسماء؟ هناك سببان رئيسيان: أولا هذه المسألة لا تُدرّس في المدارس بل وتتجنبها كتب قواعد اللغة الألمانية كليا. كما أن كتب قواعد الألمانية ليست قواميس وبالتالي فهي لا تعرّف الكلمات ولا تهتم بشرح العلاقة بين الاسم وأداة التعريف لأنها تعتبر أن هذا ليس من تخصصها بل من تخصص أناس آخرين[3]. إن عدم تدريس جنس الأسماء للطلاب الأجانب هو نفس الإشكال الذي واجهه الكاتب مارك توين مع أساتذته في

1 استنادا إلى تحليل المائة ألف كلمة المدرجة في القاموس الألماني العالمي Duden في منتصف سنة 2015.

2 استنادا إلى تحليل الحاسوب لحوالي ستة عشر مليون كلمة (أي كلمات متكررة بكل الحالات المحتملة) المدرجة في قاعدة البيانات الكترونية باللغة الألمانية Duden، في منتصف سنة 2015. مصدر: القاموس الألماني العالمي Duden).

3 مثال على ذلك كتاب قواعد اللغة الألمانية المكون من 400 صفحة وهو: قواعد اللغة الألمانية، دريير وشميت (2010). في بداية هذا الكتاب ينصحنا الكاتب بعدم محاولة تعلم قواعد الجنس، ولكن "حفظ الأداة المحددة مع كل اسم".

القرن التاسع عشر: "كل اسم له جنس وليست هناك قاعدة لتحديد ذلك فلهذا يجب تعلّم الأسماء وجنسها بطريقة منفصلة وحفظها عن ظهر قلب. ولا بديل عن ذلك"[4].

باختصار، يُطلب من الطلاب الأجانب حفظ القاموس عن ظهر قلب للتمييز بين أدوات التعريف الألمانية. هذا الطلب القاسي يَستنِد إلى وجهة نظر تبناها معلمون كمعلم مارك توين وهي أن العلاقة بين أدوات التعريف والأسماء هي مسألة عشوائية في الأساس. ولذلك اعتقدوا أنه لا يوجد أي شيء عن موضوع التعريف يمكن تدريسه للطلاب الأجانب[5].

ثم جاء عصر الحواسب الآلية وقدرتها على تحليل كم هائل من البيانات وبدأ اللغويون بتشغيل القاموس الألماني من خلال البرامج الالكترونية وكتابة أطروحات الدكتوراه على النتائج التي حصلوا عليها. وأسفر جهدهم على نتائج مبهرة من بينها أن العلاقة بين الأداة والاسم ليست عشوائية[6]. وكلما زاد تحليل هذه العلاقة، كلما ازدادت الأنماط التي اكتشفوها.

ومع ذلك، فلم يتم دمج نتائجهم الهامة في كتب قواعد اللغة الألمانية لأنه، كما ذكرنا سابقا، لا يعتبر هذا الموضوع داخلا في نطاق قواعد اللغة. هذا الإغفال بدوره يعني أن هذه الأفكار ليست معروفة من قبل معلمي اللغة الألمانية، وبالتالي، لا يتم تدريسها لأولئك الذين سيستفيدون منها، وهم الطلاب الأجانب. هذا لا يعني أن معلمي اللغة الألمانية لا يعرفون متى تستعمل *der, die* أو *das*، من الواضح أنهم يعرفون ذلك، الأمر فقط أنهم لم يدرسوا أبدا المبادئ التي تحدد أداة التعريف التي يجب استعمالها. وهذا موضوع مختلف جدا يشبه معرفة تاريخ الكلمات. عدد قليل جدا منا يعرف تاريخ الكلمات. إذا كان علينا أن نوضح لشخص يتعلم الإنجليزية

---

4 توين، مارك، 1880. "اللغة الألمانية المروعة". متشرد في الخارج. شاتو ووندوس.

5 كوبكه، كلاوس مايكل. 1982. دراسات حول نظام تحديد الجنس في اللغة الألمانية المعاصرة. ماكس نيماير فيرلاج، صفحة 1. هذا المؤلف يستشهد بأربعة خبراء لغة لدعم وجهة نظره.

6 كوبك ، كلاوس مايكل. 1982. دراسات عن نظام التمتع باللغة الألمانية المعاصرة. ماكس نيماير فيرلاغ. عمل كوبك أيضًا بشكل وثيق مع ديفيد زوبين، ونشروا معاً العديد من الدراسات، بما في ذلك "ستة مبادئ لتخصيص النوع باللغة الألمانية: مساهمة في التصنيف الطبيعي" في التقارير اللغوية 93 (1984)، الصفحات 26-50 ، مستنسخة في سيبورغ، هاينز (1997). اللغة - الجنس / الجنس. بيتر لانج.

لماذا "gh" ينطق "ف" في "cough" ولكن لا ينطق في "dough"، فلن نستطيع القيام بذلك. نحن نعلم فقط كيفية كتابة تلك الكلمات وكيفية نطقها، وهذا كل ما نحن بحاجة إلى معرفته. وهذا بالضبط ما يحدث مع الناطقين الأصليين بالألمانية: إنهم لا يعرفون سبب استعمال أدوات التعريف، فلذلك لا يمكنهم أن يفسروها لنا. رسالتهم لنا هي: "لا تسأل لماذا، احفظها فقط."

وهذا يقودنا إلى السبب الثاني الذي يجعل من الصعب جدا على الطلاب الأجانب إتقان اللغة الألمانية. إذا لم يتم تدريس المبادئ التي تحدد أدوات التعريف في كتب القواعد، فهم يحتاجون إلى اكتساب هذه المعرفة بطريقة أخرى. وسيكون هذا بنفس الطريقة التي تعلّم بها الأطفال الألمان، أي من خلال الانغماس. في سن الثانية من عمرهم، يميز الأطفال الألمان بين أدوات التعريف، مع تفضيل استخدام أداة النكرة (*ein/eine*) عوضًا عن أداة المعرفة (*der/die/das*).[7] وعند بلوغهم سن الخامسة، تكون قدرتهم على التمييز بين الأجناس قد أصبحت جيدة، ولكنهم يميلون لتجنب أو ترك صيغة المعرفة حين لا يتمكنون من التمييز. وعند بلوغهم سن السابعة، يتم استعمال أسماء وهمية في اختبارات لفهم كيف يتفاعلون، و يلاحظ أن الأطفال يختارون نفس الجنس الذي اختاره الكبار عند خضوعهم لنفس الاختبار.[8] وعند بلوغهم سن العاشرة، يتقن الأطفال الألمان كيفية تحديد الجنس بشكل تام.[9]

وبالتالي، فإن الدماغ الألماني مبرمج على تمييز أدوات التعريف وهذا بفضل سنوات من الانغماس. هم لا يعرفون لماذا يختار عقلهم تلقائياً جنساً معينًا لكلمات وهمية، وهو نفس الجنس الذي يختاره الآخرون أيضا. ولذلك لا يمكنهم تفسير ما يحدد جنس الأسماء.

---

7 مصدر الأعمار التي يتقن فيها الأطفال الألمان الجنس النحوي في الألمانية، كما هو مذكور في هذه الفقرة، يأتي من الدراسات المشار إليها في ميلز إيه إي 1986. اكتساب الجنسين: دراسة في اللغة الإنجليزية والألمانية. دار نشر شبرينغر- فيرلاج.

8 كرون، دييتر، وكرون كارن 2008. "*Der, das, die* - أو ماذا؟" دراسات حول اكتساب الجنس للتلميذ السويدي المتعلم للغة الألمانية. دار نشر بيتر لانج. ص. 107.

9 كوبك ، كلاوس مايكل. يناير 2009. دار نشر جينوس، ص. 137، يشير إلى نتائج أربع تجارب من هذا القبيل.

هدف هذا الكتاب هو تعليم الطالب الأجنبي ما هو الجنس وسبب استعماله وكيف، أي "الترميز" الذي يستعمله الدماغ الألماني لاختيار نوع جنس الكلمات الوهمية. المنهج المستخدم هو الهندسة العكسية: إذا كنت تعرف ما يحدد جنس الأسماء الألمانية، فستكون لك قدرة أفضل على تحديد الجنس الصحيح لاسم جديد أو اسم لا تعرفه. هذه الطريقة ليست الطريقة التي تعلم بها الألمان كيفية تحديد جنس الكلمات. لم يُطلب منهم أن يعرفوا "الترميز" الذي يحدد لماذا كلمة فتاة، *Mädchen*، ليست مؤنثة. ليس هذا ما تعلمه المتحدثون الألمان الأصليون في المنزل أو في كتب قواعد اللغة في المدرسة. ولكن لأنك لم تحصل على الانغماس الذي حصلوا عليه وهم أطفال، وبما أنك لا تريد حفظ جنس كل اسم في القاموس، فأفضل حل هو أن تلقي نظرة على هذا "الترميز". وهو ينبني على مبدأين رئيسيين وهما أن تحديد الجنس النحوي في اللغة الألمانية يتم تشكيله حسب **فئات** و**أصوات**.

القاعدة 1: الفئات

الأسماء التي تنتمي إلى نفس الفئات من الأشياء تميل إلى أن تكون من نفس الجنس. وهكذا، فإن الألوان وأسماء الأدوية والمواد الكيميائية تميل إلى أن تكون محايدة، والأرقام وأسماء الزهور والفاكهة تميل إلى أن تكون مؤنثة، والمواسم والأيام والشهور مذكرة. على سبيل المثال، بمعرفة أن جميع المشروبات تقريبا تكون مذكرة، لديك كلمة السر لمعرفة جنس الكابتشينو، شاي الروييوس، ونبيذ الميرلو وعصير التفاح.[10]

وبالنظر إلى أهمية الفئات في تحديد الجنس، عندما يتم اختراع أشياء جديدة، فإن الأسماء الجديدة تميل إلى أخذ جنس الكلمات المماثلة. على سبيل المثال، عندما اختُرع الهاتف الجوال، أصبح *das Handy* لأنه ينتمي إلى نفس فئة الهاتف الأرضي *das Telefon*.

---

[10] يمكن تفسير الاستثناءات غالباً بمعرفة فئات أخرى أو بالإشارة إلى الأصوات (القاعدة 2). راجع، على سبيل المثال، الفصل الخاص بالأسماء المحايدة لشرح كلمتي الجعة *das Bier* والماء *das Wasser*.

وتعتبر الفئات وسيلة هامة في تحديد جنس الكلمات. لذلك، يمكن للمرء أن يحدد بعض الخصائص التي تكون فريدة لكل جنس.

فئة المحايد تشمل العديد من العناصر الأساسية في الطبيعة (الذرات والجزيئات والإلكترونات والنيوترونات، والحياة نفسها *das Leben*). وبالتالي ليس من المستغرب أن تشمل هذه الفئة تقريبا جميع عناصر الجدول الدوري. وتتّضح العلاقة بين فئة المحايد والفيزياء من خلال بعض وحدات القياس: الأمبير *das Ampere*، الأوم *das Ohm*، الوات *das Watt*، الفولت *das Volt*، النيوتن *das Newton*، الدرجة المئوية *das Celsius*، الفهرنهايت *das Fahrenheit*، الكلفن *das Kelvin*، الكيلوغرام *das Kilogramm*.

وتشمل فئة المحايد أيضا كلمات مستويات أعلى من تصنيف الأشياء المادية، مثل "الكون" أو "الحيوان". بالتالي غالبا ما يقف الاسم المحايد في أعلى هرم أسماء موضوعه، مثل الحيوان *das Tier*، تليها الأسماء الفردية لكل عضو من مملكة الحيوان. يبدو كأن فئة المحايد جائت قبل كل شيئ آخر.

يمكن التفكير في هذا الموضوع بطريقة أخرى وهي من حيث مخطط ڤـن – تلك الدوائر التي تعلمناها في المدرسة. إذا كان علينا أن نطبق مخطط ڤـن على الجنس، ستكون فئة المحايد هي الدائرة الخارجية، التي تحتوي على كل الأشياء الأخرى.

كما يتضح من الشكل 1، في حين أن فئة المحايد تمثل عادة الدائرة الكبرى من فئتها، فإنها تتضمن أشياء مختلفة عديدة وتكون هذه الأسماء من أجناس مختلفة: مذكر، مؤنث أو حتى محايد.

الشكل 1: يبين كيف تكون فئة المحايد هي الفئة التي تشمل أكبر مجموعة من الأشياء

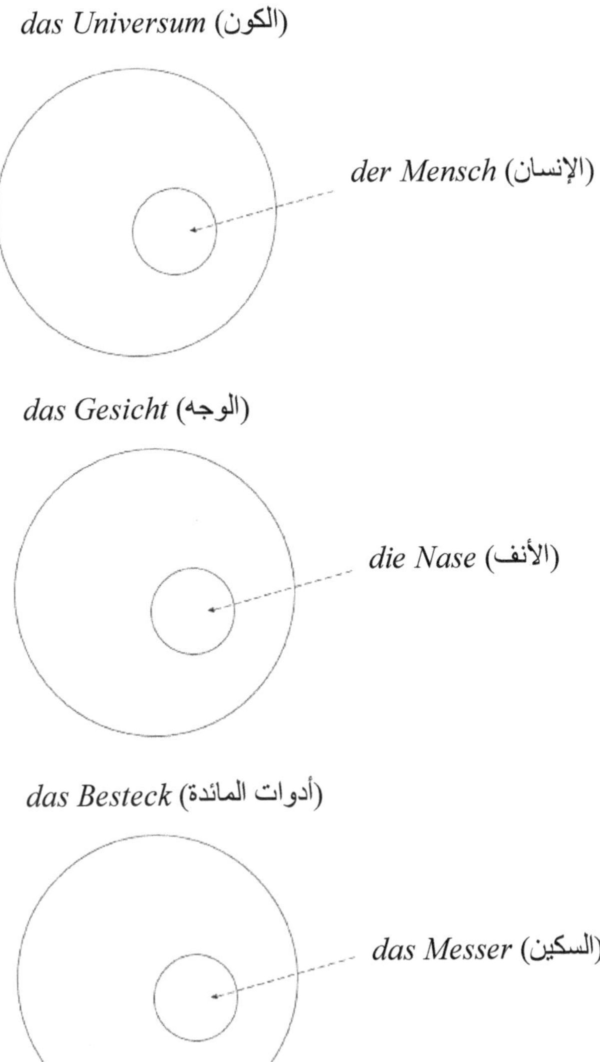

للمحايد خصائص أخرى. حيث أن له دور قوي على جميع الأسماء فيكون هو الجنس الافتراضي لأسماء التصغير. عندما يصبح "جون" (أسم الرجل) "جوني الصغير"، يتغير جنسه إلى المحايد باللغة الألمانية: *das Hänschen klein*، أو *das Bübleinn*. ولنفس السبب، حتى إسم "الفتاة الصغيرة" يكون محايد: *das Mädchen*.

ونلاحظ أن قدرة المحايد على تنسيق جنس الأسماء تظهر أيضا في استعماله مع العديد من الكلمات الأجنبية المستعارة من اللغات الأخرى. وبالتالي، فحين تعرف هذه القاعدة يمكنك معرفة جنس *Jogging, Tennis, Poker* و*Croissant* ...فجميعها أسماء محايدة.

حين يكون اسم مستعار من لغة أخرى له جنس آخر من غير المحايد، يكون هذا بسبب وجود مرادف له في الألمانية ذو جنس مختلف. نستعمل الفئات لتسهيل الأشياء، وأسهل شيء هو وضع الكلمات المستعارة في الفئات الموجودة.

ويعتبر المحايد الجنس الافتراضي للإشارة إلى أشياء غير محددة. مثلا، يمكنك أن تقول "*Was ist denn das*?" ("ما هذا؟") أو "*es hat mich gefreut*" ("أسعدني هذا")، عند الإشارة إلى أي شيء أو شخص أو وضع من أي جنس، لأن المحايد يخفي ما تشير إليه ليصبح المعنى ضمنيًا. لكن في اللحظة التي تحدد فيها الاسم، لا يمكنك المراوغة بالمحايد بل عليك مطابقة الاسم بجنسه المناسب.

لننتقل إلى خصائص فئة المذكر والمؤنث التي تختلف عن فئة المحايد.

تشمل فئة المؤنث تقريبا 50% من الأسماء في اللغة الألمانية.[11] وبالتالي فإن الأسماء الألمانية إما أن تكون مؤنثة أو شيء آخر: مذكرة بنسبة 30% أو محايدة بنسبة 20%. وبحكم أن فئة المؤنث هي الفئة المهيمنة فعندما يخطئ طفل في

[11] المصدر: Duden - القاموس الألماني الشامل (اعتبارا من منتصف عام 2015).

الخامسة من عمره في اختيار أداة تعريف فهو يميل لاستعمال أداة المؤنث بإفراط، مما يوضح أنه يسمعها أكثر من الأداتين *der* أو *das*.[12]

وإذا كان للمحايد علاقة قوية بالعالم المادي، فإن المؤنث له علاقة بكل ما هو تجريدي. المؤنث هو فئة الأرقام، والرياضيات، وبعض الأشكال، وبعض السلوكيات، والمنطق، والحب، وحتى السحر. فهذه العلاقة مع الأرقام تعطي الجنس النحوي المؤنث القدرة على تحويل الأسماء المفردة إلى مفاهيم جمعية، لهذا نجد أن اسم *die Mannschaft* (الفريق) مؤنث مفرد على الرغم من انه يمكن أن يشير أيضا الى فريق من الذكور.

وأثار موضوع تحديد أدوات التعريف فضول العديد من الناس الذين يبحثون عن إجابات. ففي أواخر القرن الثامن عشر، عندما بدأ اللغويون الألمان في نشر أبحاث حول الاختلافات بين المؤنث والمذكر، بدأوا باستعمال اقدم تحليل كان وهو تحليل الأسماء في اللغتين الإغريقية واللاتينية.[13] وعلى غرار الألمانية، فإن هاتين اللغتين القديمتين التين أثرتا في اللغة الألمانية تشملان كذلك ثلاث أجناس نحوية.

لماذا، على سبيل المثال، كلمة "الصيد" (*die Jagd*) كلمة مؤنثة؟ بينما الصيد هو منذ بداية الزمن وحتى اليوم نشاط ذكوري نمطياً؟

إذا بحثنا عن إجابة لهذه المسألة عند الإغريق أو الرومان نجد أنه في الأساطير الإغريقية والرومانية آلهة الصيد كانت مؤنثة: آرتيميس وديانا. وحتى لو كان الصيد وظيفة الرجل، فكان يمكن للرجل أن يعود خالي اليدين من دون طعام للعائلة. فلهذا كان يجب على المرء أن يحترم آلهة الصيد حيث هي التي تشرف على الصيد. فهي تكون موجودة في البرية (*die Wildnis*) وأثناء البحث (*die*

---

12 مصدر الأعمار التي يتقن فيها الأطفال الألمان جوانب الجنس في الألمانية، كما هو مذكور في هذه الفقرة، يأتي من الدراسات المشار إليها في: ميلز، إ.ي. 1986. اكتساب الجنس: دراسة اللغة الإنجليزية والألمانية. دار نشر شبرينغر.

13 انظر النص الإغريقي واللاتيني في: كارل بروقمان. 1889. "جنس الأسماء في اللغات الهندية الأوروبية"، مجلة تيكمرز الدولية في اللغويات العامة، 4 (1889)، ص. 100-109، مستنسخ في سيبورغ، هاينز 1997. اللغة - الجنس / الجنس. بيتر لانج ، صفحات 33-43.

وتساعد عند (*die Nahrung, die Speise, die Kost*) عن الأغذية (*Suche* حلول الظلام (*die Finsternis*)، وعند الفرار (*die Flucht*) من الخطر (*die Gefahr*). وبالنظر إلى كل هذه القوة (*die Macht*)، يبدو أن كلمة الصيد يجب أن تكون مؤنثة!

وعلى نفس النمط، ربما كانت الأجيال الأولى لا تريد أن تتلاعب مع الآلهة المذكرة وهي آلهة الحرب *der Krieg*، والنبيذ *der Wein*، والثروة *der Reichtum*، والنوم *der Schlaf*، والأحلام *der Traum*، والسماء *der Himmel*، والمحيطات *der Ozean*، والريح *der Wind* والموت *der Tod*. ولنفس السبب، كان يجب الاعتراف بالآلهة المؤنثة آلهة: الحب *die Liebe*، الجمال *die Schönheit*، الحكمة *die Weisheit*، العدالة *die Gerechtigkeit*العنف *die Gewalt*، الليل *die Nacht*، السحر *die Magie*، المهارة *die Kunst*، العلم *die Wissenschaft*، الشعر *die Poesie*، الموسيقى *die Musik*، التراجيديا *die Tragödie*، النشيد *die Hymne*، الكوميديا *die Komödie*، علم الفلك *die Sternkunde*.

وبالطبع، كان للقبائل الجرمانية أيضا تجارب تميزها. على الرغم من أن كلمة الشمس مذكرة عند الإغريق والرومان، ولا تزال الكلمة مذكرة إلى يومنا هذا في اليونانية والإيطالية والفرنسية والإسبانية والبرتغالية، إلا أن الألمان اختاروا الجنس النحوي المؤنث: *die Sonne*. يمكن أن يكون هذا بسبب آلهة الشمس الجرمانية سونا *Sunna* شقيقة القمر *der Mond*.

الحكمة اسم مؤنث في كل من اليونانية واللاتينية. الاسم اليوناني للحكمة هو "*sophia*"، والفلسفة (ومعناها حب *sophia*) اسم مؤنث في كل من اليونانية والألمانية. ولذلك ليس من المستغرب أن تكون المعرفة والحكمة فئتين مؤنثتين في اللغة الألمانية أيضا. فكر أيضا في تمثال "سيدة العدالة" المعصوبة العينين. وبالتالي، لدينا: الفن *die Art*، الرزانة *die Besonnenheit*، التعليم *die Bildung*، الإدراك *die Einsicht*، العدالة *die Gerechtigkeit*، الذكاء *die Intelligenz*، القضاء *die Justiz*، المعرفة *die Kenntnis*، الفطنة *die Klugheit*، المهارة *die Kunst*، المنهج *die Methode*، المهجية *die*

Methodik، الفلسفة *die Philosophie*، الفهم المنطقي *die Ratio*، العناية *die Sorgfalt*، التقنية *die Technik*، التكنولوجيا *die Technologie*، الحيطة *die Umsicht*، التوقّع *die Vorausschau*، التبصر *die Voraussicht*، الحذر *die Vorsicht*، العقلانية *die Vernunft*، الطريقة *die Weise*، الحكمة *die Weisheit*، بُعد النظر *die Weitsicht*.

وكشفت دراسة أخرى حول الاختلافات بين خصائص الأسماء الألمانية المؤنثة والمذكرة أن الأسماء المجردة المؤنثة تميل إلى الإشارة إلى جوانب خضوعية، في حين أن الأسماء المجردة المذكرة تمثل مفاهيم أكثر عدوانية[14].

الشجاعة *der Mut*، الغطرسة *der Hochmut*، الغرور *der Übermut*، والخطأ *der Irrtum*، جميعها أسماء مذكرة. في المقابل، الأسماء التي قد ترتبط بسندريلا هي أسماء مؤنثة: التواضع *die Demut*، والصبر *die Geduld*، طيبة القلب *die Gutherzigkeit*، وللأسف، الفقر *die Armut*. والفقر يمكن أن يؤدي إلى الكثير من القلق: الخوف *die Angst*، الهم *die Sorge*، القلق *die Besorgnis*. ولا ننسى الأسماء التي توصف أخوات سندريلا: الغيرة *die Eifersucht*، القبح *die Hässlichkeit*، سوء المعاملة *die Misshandlung*، القسوة *die Grausamkeit* والحقارة *die Gemeinheit*.

ومع ذلك فإن المؤنث هو الفئة التي تتمتع بالقوة الحقيقية: القدرة *die Kraft*، السلطة *die Macht*، الإنجاز *die Leistung*، الطاقة *die Energie*، القوة *die Stärke*، الثبات *die Festigkeit*، التحمل *die Belastbarkeit*، العنف *die Gewalt*، الصلاحية *die Befugnis*، الشدة *die Wucht*، الكفاءة *die Potenz*، النفوذ *die Mächtigkeit*، الهيمنة *die Herrschaft*، التوكيل *die*

14 تمت مناقشة هذه الفرضية في كوبكه، كلاوس مايكل، زوبين، ديفيد إيه، "ستة مبادئ لتحديد الجنس في الألمانية: مساهمة في التصنيف الطبيعي" في التقارير اللغوية (1984)، صفحات 26-50، وتم إعادة طبعها في سيبورغ، هاينز (محرر) 1997. اللغة – الجنس/ الجنس. بيتر لانغ، صفحات 101-107.

Vollmacht، السلطة *die Behörde*، السلطة *die Autorität*، الحكومة *die Regierung*، التحكم *die Kontrolle*، القيادة *die Steuerung*.

وعلى النقيض من ذلك، تبدو قوة المذكر جسدية في المقام الأول. في عالم الحيوان، الحيوانات الضخمة المخيفة تميل إلى أداة تعريف المذكر، مثل الديناصور *der Dinosaurier*، الفيل *der Elefant*، الغوريللا *der Gorilla*، انسان الغاب *der Orang-Utan*، في حين أن الحيوانات الأصغر حجما غير المخيفة مثل الفأر *die Maus* أو الحيوانات الراقية مثل الزرافة *die Giraffe* تميل إلى أداة تعريف المؤنث. وهذا مؤشر على أن الجنس هو أيضا انعكاس للشكل.

الأشكال المستقيمة والطويلة تميل إلى أن تكون مذكرة، مثل السهم *der Pfeil*، العمود *der Pfahl*، الدِعامة *der Pfeiler*، العمود *der Pfosten*، الصاري *der Mast*، العصا *der Stab*، العود *der Stecken*، العكاز *der Stock*، الجذع *der Stamm*، الساق (نبات) *der Stiel*.

وعلى النقيض من ذلك، تميل الأشياء المسطحة إلى أن تكون مؤنثة، مثل المساحة *die Fläche*، المستوى *die Ebene*، الجدار *die Wand*، السور *die Mauer* السبورة *die Tafel*، السقف *die Decke*، الباب *die Tür*، الجانب *die Seite*، المنحدر *die Flanke*، اللوحة *die Platte*.

والأجسام المجوفة تميل إلى أداة تعريف المؤنث، مثل الصندوق، العلبة، الكهف، البرميل، الطبل، الأنبوب: *die Büchse, die Box, die Dose, die Höhle die Schachtel, die Trommel, die Tube, die Röhre*. أما الأشكال الحادة فهي تميل إلى أداة تعريف المؤنث، مثل الإبرة، الشوكة، الكماشة، المقص، المخلب: *die Nadel* ،*die Gabel* ،*die Zange* ،*die Schere* ،*die Klaue* ،*die Pratze* ،*die Kralle*.

وفيما يخص الأسماء المتعلقة بالسماء، تحصل كل من المذكر والمؤنث على جزء منها كما لو كانت ميراثا قسم بين أخ وأخت. حصل المذكر على السماوات والكواكب والأقمار والنجوم، وحصل المؤنث على الشمس والأرض وكوكب الزهرة.

وعندما يبدو لنا أن إسما من الأسماء ينتمي إلى إحدى الفئات ويتبين بعد ذلك أنه ينتمي في الحقيقة إلى فئة أخرى، فهذا يمكن أن يكون بسبب هيكلة الفئة المعنية كتسلسل متواصل أو تسلسل هرمي. فإذا نظرنا إلى الأسماء المتعلقة بمفهوم الزمن مثلا نرى أن أقصر فترات الزمن تكون مؤنثة: الوقت *die Zeit*، الساعة *die Uhr*، الساعة الزمنية *die Stunde*، الدقيقة *die Minute*، الثانية *die Sekunde*. أما أطول الفترات فهي محايدة: السنة *das Jahr*، العقد *das Jahrzehnt*، القرن *das Jahrhundert*، الألفية *das Jahrtausend*. بينما الفترات الفاصلة تكون مذكرة: اليوم *der Tag*، الشهر *der Monat*. وعندما نفشل في إيجاد الفئة المناسبة لإسم ما، مثلما في حالة الأسبوع *die Woche*، العقد *die Dekade*، والحقبة *die Epoche*، يجب استعمال القاعدة الأخرى لكشف سر أدوات التعريف وهي: الأصوات.

القاعدة 2: الأصوات

الأسماء التي تبدأ بحروف معينة أو تنتهي بحروف معينة أو لها نفس الصوت الأنفي أو حرف المدّ تميل إلى أن تنتمي لنفس الجنس النحوي. إنه نفس منطق الفئات: الأسماء المتشابهة لها نفس الجنس النحوي. وكل هذا التصنيف يخدم غرضا واحدا فقط وهو تسهيل التواصل بين أعضاء القبيلة. إنها مسألة وظوح وبقاء. تخيل نفسك في العصور المظلمة، في مطبخ معتم مضاء بالشموع، عندما تطلب من شخص أن يعطيك ملعقة، فأنت بالتأكيد لا تريده أن يناولك سكينا.

إن استخدام أداة التعريف المناسبة سيمكنك من التواصل بالشكل الصحيح. وبالتالي قد لا يكون من المستغرب أن نرى أن الأسماء ذات صوت معين تميل إلى أن تكون مرتبطة بجنس معين. فتكون الأسماء التي تنتهي ب e- مؤنثة بنسبة 90%، والأسماء التي تنتهي ب ie- مؤنثة بنسبة 95%، بينما الأسماء التي تنتهي ب ur- مؤنثة بنسبة 93%، الأسماء التي تنتهي ب ucht- مؤنثة بنسبة 64%، الأسماء

التي تنتهي ب ich- مذكرة بنسبة 81%، والأسماء التي تنتهي ب ett- محايدة بنسبة 95% والأسماء التي تنتهي ب ier- محايدة بنسبة 60%.[15]

دعنا نطبق هذه القاعدة. إذا كنت تريد تحديد أداة التعريف لكلمة *Spur* (أَثَر/درب)، ونحن نعرف أن الأسماء المنتهية بالنهاية ur- تكون مؤنثة بنسبة 93%، إذاً فإن الجواب واضح. إذا كنت تريد الوصول إلى مستوى أعلى من اليقين، يمكنك اللجوء إلى القاعدة 1 (الفئات). ما هي الأسماء التي تعني نفس الشيء كأثر أو درب؟ الشارع *die Straße*، الطريق الواسع ذو أشجار *die Allee*، المسار *die Route*، السبيل *die Bahn*، الطريق السريع *die Autobahn*، المدق *die Piste*، السكة الحديدية *die Schiene*، المسافة *die Strecke*. هذه القائمة من الأسماء المؤنثة تطغى على المرادفين المذكّرين *der Pfad*، *der Weg*. لذلك فأنت على حق إذا اخترت المؤنث *die Spur*.

وبفضل أعمال لغويّي عصر الحاسوب[16]، نعلم الآن الكثير عن العلاقات المبنية على الأصوات بين الأسماء والجنس النحوي. كلما ازداد عدد الحروف الساكنة في بداية الأسم أو نهايته، يكون الأسم مذكراً، خاصة إذا كان الأسم يحتوي على مقطع واحد فقط. واحتمال أن تكون الأسماء المبنية على مقطع واحد وتبدأ وتنتهي بحرف ساكن مذكرة هو احتمال بنسبة 83%: نوم *Schlaf*، رمل *Sand*، قزم *Zwer*، فرقعة *Knall*، حركة دورانية *Drall*، طين *Schlamm*. تخيل شبان مراهقين يجيبونك بإجابات ذات مقطع واحد، وسوف تدرك أن معظم هذه الأسماء القصيرة مذكرة.

هناك نهايات أسماء تكون مشتركة بين المذكر والمؤنث، مما يعطي الطلاب فرصة 50% في اختيار أداة التعريف الصحيحة. ويمكن تعزيز هذه النسبة في كثير من

---

15 تستمد هذه النسب المئوية من الجدول 2.7 "بعض القواعد الصوتية لتخصيص الجنس في الألمانية"، في ميلز، إيه إي 1986. اكتساب الجنس: دراسة في اللغة الإنجليزية والألمانية. شبرينجر-فيرلاج. ص 33.

16 كوبكه، كلاوس مايكل. 1982. دراسات حول نظام تحديد الجنس في اللغة الألمانية المعاصرة. كوبكه، كلاوس مايكل. 1994. تحقيقات وظيفية عن المورفولوجيا الاسمية واللفظية الألمانية؛ كوبكه، كلاوس مايكل. يناير 2009. الجنس.

الأحيان، بالاستناد أيضا إلى أدلة من القاعدة 1 (الفئات). على سبيل المثال، الأسماء التي تأخذ النهاية nis- تكون اما مؤنثة أو محايدة. مع العلم أن فئة المحايد تشمل الأشياء الجامدة وفئة المؤنث تشمل المفاهيم التجريدية، فيمكن للطالب أن يجد أداة التعريف المناسبة لتعريف كلمة *Gefängnis* (سجن، شيء جامد) و *Bedrängnis* (محنة، مفهوم مجرد). ويمكن أن نعزز الافتراض بأن الأداة المناسبة هي *das Gefängnis* إذا عرفنا أن الكلمات التي تبدأ ببادئة -Ge تميل إلى أن تكون محايدة. هنا نرى التفاعل بين عدة إشارات تساعدنا في اختيار الأداة الصحيحة: يبدأ الاسم ب -Ge (إشارة قوية إلى أن الإسم محايد) وينتهي بالنهاية nis- (إشارة إلى أنه يمكن أن يكون محايد إذا كان شيئاً جاماداً).

باستخدام المبدأ ذاته، أي أن الإسم الذي ينتهي ب nis- من المرجح أن يكون مؤنثاً إذا كان يمثل مفهومًا مجردًا، فإننا لن نكون مخطئين إذا قلنا *die Bedrängnis*.

دعونا نأخذ مثالا آخر من فئة nis-: يجب أن تجد الفئة التي تنتمي إليها كلمة *Kenntnis* (معرفة) و كلمة *Zeugnis* (شهادة). يعبّر الأول عن مفهوم مجرد والثاني عن شيء ملموس أكثر، غالباً يكون ورقة مكتوبة، وبالتالي فمن المحتمل أن يكون الأول مؤنث والثاني محايد أي *die Kenntnis* و*das Zeugnis*. بالطبع لن يكون الفرق دائماً بهذه الدرجة من الوضوح والسهولة، ولكن إن كنت على علم بقواعد أدوات التعريف، يكون الأمر أسهل عندما تواجه أسماء جديدة يجب عليك تعريفها. بمعرفتك لهذا "الترميز" سوف تظل تبحث عن أدلة وعندما تصادف كلمة لا تدخل في نمط معروف سترغب في معرفة السبب وستكون لديك الثقة للبحث عن حلول لأنك تعرف الآن أن تحديد أدوات التعريف ليس عشوائيا كما كان يظن الكاتب مارك توين.

لنأخذ مثالا آخر، عليك أن تجد أداة التعريف المناسبة لثلاث كلمات كل منها تنتمي لفئة مختلفة: *Gier* (طمع)، *Atelier* (استوديو)، *Stier* (ثور). في هذه الحالة، لن تفيدنا القاعدة 2 لأن الأسماء الثلاثة تنتهي بنفس الحروف. المؤنث فئة المفاهيم المجردة والمحايد فئة الأشياء الجامدة والمذكر لكل ما هو حي وذكر. فلن تكون مخطئا إذا خمنت *der Stier*، *das Atelier*، *die Gier*.

وعندما تتقن استعمال القواعد التي تربط بين الأسماء وأدوات التعريف، سوف تكتشف فئات متداخلة وإمكانيات إضافية تساعدك على اختيار أداة التعريف المناسبة. فكر في مخطط ڤـن الذي أشرنا إليه سابقاً. على سبيل المثال *Atelier* هي كلمة فرنسية، والأسماء الأجنبية المدمجة في اللغة الألمانية تميل إلى أداة تعريف المحايد، وبالتالي فمن المحتمل أن يكون *das Atelier*. كلمة *Atelier* أيضاً من نفس فئة الأسماء: *das*، *das Studio*، *das Zimmer*، *das Haus* *Gebäude das Geschäft*، مما يزيد من احتمال أن تكون الأداة المناسبة *das Atelier*.[17]

وكلما فكرت في الأسماء الألمانية من حيث الفئات، كلما ازداد الاحتمال أن تختار الأداة الصحيحة (الشكل 2).

---

[17] بدلاً من ربط *das Atelier* بنفس فئة *das Haus*، قد يربطها المرء بالسكن *die Wohnung*، وهو أيضًا ارتباط معقول. ولكن ذلك قد يتطلب منك تجاهل النهاية -ier، والتي تميل إلى الإشارة إلى المحايد، خاصة إذا كنت تعرف أن الاسم كلمة فرنسية مستوردة.

الشكل 2: لنرى كيف يمكن أن نستنتج الأداة المناسبة من خلال فئة الكلمة

الفئة أ: الأسماء المستوردة تميل إلى أن تكون محايدة

الفئة ب: مرادفات، *das Haus*، *das Studio*، *das Zimmer* عادة ما تكون محايدة

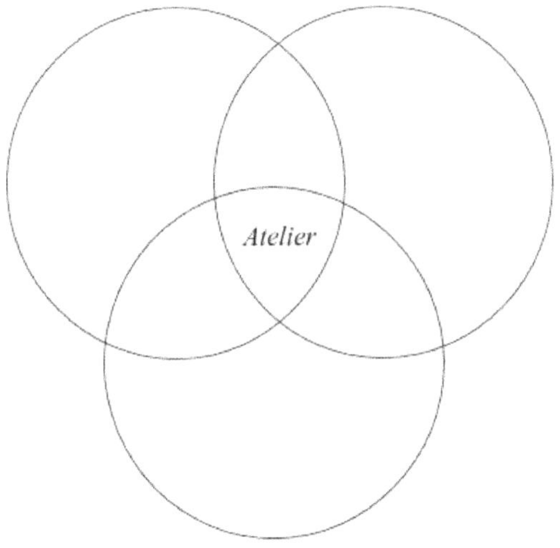

الفئة ت: الأسماء التي تنتهي بـ ier- تميل إلى أن تكون محايدة عندما تشير إلى أشياء جامدة

في بعض الأحيان تعمل القاعدة 1 والقاعدة 2 بانسجام مع بعضهما البعض وفي تلك الحالة يكون لديك تأكيد مزدوج على أن اختيارك لأداة التعريف هو الاختيار الصحيح. ولكن في بعض الأحيان، نجد تعارضا بين هاتين القاعدتين. في هذه الحالة تميل القاعدة 1 (الفئات) إلى أن تكون أقوى من القاعدة 2 (الأصوات). وهكذا، فإن فئة "أنهار أوروبا الوسطى" تميل إلى المؤنث (*die Donau*)، و

"الأنهار خارج أوروبا الوسطى" تميل إلى أن تكون مذكرة (*der Nil*)، بصرف النظر عن الأصوات التي توجد في الكلمة.

ولكن هناك أيضا حالات يرتبط فيها صوت معين (القاعدة 2) بأداة معينة بطريقة قوية، وفي هذه الحالات تتفوق القاعدة 2 على القاعدة 1. على سبيل المثال، تميل الأسماء التي تنتهي بالنهاية erei- إلى أداة تعريف المؤنث بشكل دائم تقريبًا، بغض النظر عن الفئة التي ينتمي إليها الإسم. هذه إشارة قوية إلى أن القاعدة 2 تتفوق على القاعدة 1 بالنسبة لهذه الفئة من الأسماء. فلنأخذ مثالا تتفوق فيه القاعدة 2 (الأصوات) على القاعدة 1 (الفئات). رأينا مسبقاً أن الأسماء التي تتكون من حروف ساكنة في بداية ونهاية الكلمة تميل إلى أن تكون مذكرة. هذا هو الحال عندما ندرس كلمة *Pfirsich* (خوخ). بينما فئة "الفواكه" تكون في معظم الأحيان مؤنثة، إلا أن هذا الإسم يحوي كثيرا من الحروف الساكنة تخرجه من فئة المؤنث ليصير: *der Pfirsich*؛ أي تفوقت القاعدة 2 على القاعدة 1.

عندما لا تدخل الكلمة في نطاق هذه القواعد، نجد عوامل أخرى تأخذ في عين الاعتبار لشرح اختيار أداة التعريف. فعلى سبيل المثال، قد يكون الاسم اختصار، وتأخذ الاختصارات نفس أداة تعريف الإسم الكامل: *die Lokomotive*، التي تنتهي ب e- مؤنثة، وتُختصر بكلمة *die Lok*، التي لا تنتهي ب e-، وبالتالي يمكن أن يفاجأ الطالب بأداة التعريف المستعملة مع كلمة *Lok* حين يقابل الكلمة لأول مرة.

قد تبدو بعض الاستثناءات كأنها دون قاعدة أو سبب، فمثلا لكل من السكين والشوكة والملعقة، وهي أبسط أواني المطبخ، أداة تعريف مختلفة في اللغة الألمانية.

دعونا نبدأ بالسكين: تميل المعادن والأسلحة إلى أن تكون محايدة. السيف *das Schwert*، وهو شفرة معدنية طويلة تستخدم للقطع، محايد. فإذا يجب ألا نتفاجأ إذا كان السكين *das Messer* وهو شفرة معدنية صغيرة تستخدم للقطع، محايد أيضاً. شرحنا حالة السكين، لننتقل إلى شوكة. تعتبر الشوكة طريقة أنيقة للأكل : لم تنفك ماري أنطوانيت عن ارتداء قفازاتها عند تناول الطعام، وكانت تستخدم

شوكة. الاسم الألماني للشوكة *Gabel*، كان ينتهي بالنهاية a- أو e- والأسماء التي تنتهي بهذين الحرفين غالبا ما تكون مؤنثة. وبطبيعة الحال، هذا شيء لا يعرفه الجميع في هذه الأيام. ولكن المهم هو أن طريقة تحديد الأدوات ليست عشوائية تماماً. كل إسم له تاريخ وسياق، نحن فقط لا نعرف هذا التاريخ أو السياق. إذ تنتمي كلمة *Gabel* إلى نفس الفئة التي تنتمي إليها كلمة *die Forke* (شوكة حديقة أو مذراة). وهناك أيضا فئة أخرى متداخلة هنا وهي فئة "الأشكال الحادة" التي عادة ما تكون مؤنثة كما هو الحال مع كلمة *die Nadel* (الإبرة).[18] وبالنظر لكل هذه القواعد يبدو عادياً أن تكون كلمة شوكة إسم مؤنث: *die Gabel*.

هذا يتركنا مع الملعقة. في حين أن الأكل بالشوكة مرتبط بأناقة السيدات، فهذا ليس الحال بالنسبة للملعقة فهي مرتبطة بصوت الرشف وخشونة وذكورية أكثر. ولذلك تكون الملعقة مذكرة *der Löffel*.

الآن بعد أن عرفت خلفية جنس هذه الكلمات، تستطيع أن تتذكرها بشكل أفضل: *der Löffel*، *die Gabel*، *das Messer*. حتى إذا تذكرت واحدة فقط من القصص الثلاثة فقد توصلت لاحتمال مائة في المائة أنك ستتذكر دائما الجنس الصحيح لواحدة من أدوات المائدة.

ويبقى السؤال الرئيسي: لماذا؟ ما هو الغرض من ثلاثة أجناس نحوية؟ لماذا ليس جنسا واحدا؟ إذا كان يمكن للغة الإنجليزية أن تكتفي بأداة "the" فقط، لماذا تحتاج الألمانية لثلاث أدوات تعريف مختلفة؟

ينص الافتراض العام على أنه لكي يبقى الشيء على قيد الحياة لمدة قرون عديدة، يجب أن يكون له قيمة. ويبدو أن الدور الرئيسي لأدوات التعريف في الألمانية هو الدقة. يعرف أي شخص حاول أن يترجم نصا من اللغة الإنجليزية إلى اللغة الألمانية، لغة أينشتاين، أن اللغة الألمانية أكثر دقة من اللغة الإنجليزية. وتتطلب ترجمة الكلمة الإنجليزية "it" إلى الألمانية من الكاتب الألماني أن يحدد معنى "it"

---

[18] تمت مناقشة هذه الفرضية في كوبكه، كلاوس مايكل، زوبين، ديفيد إيه، "ستة مبادئ لتحديد الجنس في الألمانية: مساهمة في التصنيف الطبيعي" في التقارير اللغوية 93 (1984)، صفحات 26-50، وتم إعادة طبعها في سيبورغ، هاينز (محرر) 1997. اللغة – الجنس/ الجنس. بيتر لانج، صفحات 97-98.

في السياق الواردة فيه إذ يمكن أن تترجم ب *der*، *ihr*، *ihm*، *ihn*، *es*، *sie*، *er* *die* أو *das*.

ويمكن ان نقول ان اللغة الألمانية أدق من اللغة الإنجليزية لكون الجمل في اللغة الالمانية أطول من الجمل في اللغة الانجليزية (حوالي 20% أطول) ويميل الفعل في الجمل الألمانية إلى أن يكون في نهاية الجملة، بعيدا عن الفاعل. لتجنب الخلط حول من فعل ماذا ولمن ولماذا ومتى، نحتاج لأدوات أدق لأن الجمل طويلة والفعل بعيد عن الفاعل في الجملة. يشير هذا على أن الألمان لن يتخلوا عن أجناسهم النحوية الثلاثة في أي وقت قريب.

كيف ينبغي استخدام هذا الكتاب؟ قد تحتاج أولا إلى قراءة الكتاب بأكمله، ثم تعود إلى أقسام محددة للتمكّن منها. وسوف يمكّنك فهم القاعدة 1 و 2 من تحديد أداة التعريف المناسبة لفئات عديدة من الأسماء وبالتالي ستصبح واثقا من نفسك عندما تتحدث باللغة الألمانية. الغرض من استعمال العديد من الأمثلة هو ترسيخ القواعد في ذاكرتك بزيادة احتمال أن تربط الأسماء بالقواعد المختلفة.

ويمكنك استعمال الفهرس في آخر الكتاب كامتحان لترى إذا كنت متمكنا من القواعد أم لا. تذكر أنك تتعامل مع احتمالات، فكلما استعملت ما تعلمته من القاعدتين 1 و 2 كلما ازداد احتمال تحديدك لأداة التعريف المناسبة.

تتمثل القيمة الأساسية لهذا الكتاب في توضيح الأنماط التي تربط الأسماء بأداة التعريف. لذلك، قد ترغب في تدوين الأسماء الجديدة التي تتناسب مع هذه الأنماط. ومن المرجح أيضا أن تكتشف فئات وترابطات جديدة تخص المفردات التي تُستعمل في مجال خبرتك.

وبالنظر إلى ما استثمرت من وقت وشقاء في تعلمك للغة الألمانية، سوف تستمتع بتعلم تحديد أدوات تعريف من خلال طريقة الهندسة العكسية. ولكن حذاري فإن المتحدثين الأصليين للغة الألمانية، إلا إذا كانوا أساتذة اللغويات الألمانية ذوي تخصص في موضوع الجنس النحوي، لن يبادلونك حماسك لتمكنك من تحديد أداة التعريف المناسبة. هذا شيء سهل جدا بالنسبة لهم حيث أنّهم لا يحتاجون إلى التفكير فيه. ولكونهم لم يدرسوا طريقة الهندسة العكسية، فسوف يشكّكون في

القواعد التي تتعلمها لأنهم لم يسمعوا بها أبدا. وعندما تصبح خبيرا في تحديد أدوات التعريف وتريد التحدث عن ذلك، سوف يسخرون منك وسيتعبون منك عندما تحاول أن تعلمهم مبادئ تحديد أدوات التعريف في لغتهم. حيث أنهم لا يحتاجون إلى هذه المبادئ فهم يحددون الاداة المناسبة بشكل تلقائي. إنهم لا يعرفون "لماذا"، فقط "كيف". وانت تتعلم "لماذا" لكي تتمكن من معرفة "كيف".

لذلك، لتشجيع وتحفيز نفسك، شارك حماسك مع زملائك الطلاب الذين يبذلون الجهد مثلك لإتقان الجنس النحوي الألماني.

DER : قواعد الأسماء المذكرة

القاعدة 1 : الفئات

أنواع كثيرة من الحيوانات: (خاصة إذا كانت كبيرة او مرعبة أو قبيحة أو قوية أو تكون شريرة في الخرافات) النسر *der Adler*، قاطور *der Alligator*، الدب *der Bär*، القندس *der Biber*، الحوت الأزرق *der Blauwal*، الجاموس *der Büffel*، الدولفين *der Delphin*، الديناصور *der Dinosaurier*، الفيل *der Elefant*، الحمار *der Esel*، السمك *der Fisch*، الثعلب *der Fuchs*، الغوريلا *der Gorilla*، الديك *der Hahn*، الهامستر *der Hamster*، جراد البحر *der Hummer*، الكلب *der Hund*، الخنفساء *der Käfer*، الأسد *der Löwe*، الخلد *der Maulwurf*، انسان الغاب *der Orang-Utan*، الثور *der Stier*، النمر *der Tiger*، الطائر *der Vogel*، الحوت *der Wal*، الذئب *der Wolf*. الحيوانات الصغيرة والأقل قوة يمكن أن تأخذ أداة تعريف المذكر إذا كانت تنتهي بالنهاية e-: الهامستر *der Hamster*، الخنفساء *der Käfer*.

أوقات معينة من اليوم: الصباح *der Morgen*، المساء *der Abend*، الظهر *der Mittag*. ولكن ليس الليل *die Nacht*، لأن الأسماء التي تنتهي بالنهاية acht- تميل إلى أن تكون مؤنثة.

أيام الأسبوع: اليوم *der Tag*، الاثنين *der Montag*، الثلاثاء *der Dienstag* الأربعاء *der Mittwoch*، الأحد *der Sonntag*، الخ.

الشهور: الشهر *der Monat*، يناير *der Januar*، فبراير *der Februar*، آذار/مارس *der März*، الخ.

فصول السنة: الربيع *der Frühling*، الصيف *der Sommer*، الخريف *der Herbst*، الشتاء *der Winter*.

النقاط على البوصلة: الشمال *der Norden*، الجنوب *der Süden*، الشرق *der Osten*، الغرب *der Westen*، الشمال الشرقي *der Nordosten*، القطب *der Pol*، القطب الشمالي *der Nordpol*، القطب الجنوبي *der Südpol*، القطب المعاكس *der Gegenpol*، البوصلة *der Kompass*.

الأمطار والرياح: القطرة *der Tropfen*، المطر *der Regen*، الضباب *der Nebel*، الثلج *der Schnee*، البرد *der Hagel*، العاصفة *der Sturm*، البرق *der Blitz*، الرعد *der Donner*، الرياح *der Wind*، الإعصار *der Tornado*، الإعصار *der Hurrikan*، الرياح الدافئة *der Föhn*، الرياح التجارية *der Passat*، الخ (استثناءات: العاصفة *die Böe*، النسيم *die Brise*، الرياح العاتية *die Bise* - لأنها تنتهي بحرف e- وهي مرتبطة بفئة المؤنث).

الأجرام الفلكية: الكويكب *der Asteroid*، المشتري *der Jupiter*، السماء *der Himmel*، المذنب *der Komet*، المريخ *der Mars*، عطارد *der Merkur*، القمر *der Mond*، نبتون *der Neptun*، الكوكب *der Planet*، النجم الزائف *der Quasar*، بلوتو *der Pluto*، النجم النابض *der Pulsar*، القمر الصناعي *der Satellit*، زحل *der Saturn*، النجم *der Stern*؛ وكلمة *die Venus* هي كوكب الزهرة وآلهة الحب الرومانية، لذلك فالإسم مؤنث، وتنتهي الشمس *die Sonne* والأرض *die Erde* بالنهاية e- التي هي علامة من علامات المؤنث.

أنواع التربة والمعادن والصخور: الأرض *der Boden*، الحجر *der Stein*، الصخرة *der Fels*، الجرانيت *der Granit*، الماس *der Diamant*، الكوارتز *der Quarz*، الرمل *der Sand*، الزمرد *der Smaragd*. استثناء: الطباشير *die Kreide* (الطباشير تنتهي بالنهاية e-،علامة من علامات المؤنث).

الفضلات والنفايات: النفايات *der Abfall*، الوسخ *der Dreck*، السماد *der Dung*، القمامة *der Kehricht*، الخردة *der Plunder*، الروث *der Mist*، القمامة *der Müll*، القذارة *der Schmuddel*، الخردة *der Schrott*، النفايات *der Unrat*، البول *der Urin*.

أسماء العديد من الأنهار خارج أوروبا الوسطى: الأمازون *der Amazonas*، المسيسيبي *der Mississippi*، النيل *der Nil*، وبشكل استثنائي أيضا نهر الراين *der Rhein*، ونهر الماين *der Main*.

هيئات المياه الداخلية: الجدول *der Bach*، النهر *der Fluss* (وهذا الإسم يندرج في أسماء مذكرة *der Einfluss*، *der Ausfluss*، *der Abfluss*)، القناة *der Kanal*، البحيرة *der See*، البركة *der Teich*، السد *der Damm*، المسبح *der Pool/der Swimmingpool*.[19]

أسماء الجبال: الجبل *der Berg*، القمة *der Gipfel*، التل *der Hügel*، جبل إيفرست *der Mount Everest*، جبل مونت بلانك *der Mont Blanc*، جبل كليمنجارو *der Kilimanjaro*، (حتى في حالة جبال هيمالايا *der Himalaja/der Himalaya*، مع أنها تنتهي بالنهاية a-، وهي من علامات المؤنث).

أشكال ممدودة:

- الفرع *der Ast*
- الشجرة *der Baumstamm*
- مضرب الجولف *der Golfschläger*
- السلك *der Draht*

---

[19] لدينا هنا حالة أخرى نادرة نسبيا؛ حيث لا تنتمي مرادفات الأسماء المتقاربة بشكل وثيق إلى نفس الجنس: بينما تكون *der Swimmingpool*، ترد أيضًا كلمة *das Schwimmbad*.

- الوتد *der Pfahl*
- العمود *der Pfeiler*
- العمود *der Pfosten*
- الصاري *der Mast*
- العصا *der Stab*
- العود الخشبي *der Stecken*
- ساق النبات *der Stiel*
- القلم *der Stift*
- العكاز *der Stock*
- البرج *der Turm*
- العنق *der Hals/der Nacken*
- الذراع *der Arm*
- الفخذ *der Schenkel*

الأقمشة: اللباد *der Filz*، الخرقة *der Lappen*، القماش *der Stoff*، التفتا *der Taft*.

أنواع السمك: السمك *der Fisch*، ثعبان البحر *der Aal*، سمك السلمون *der Lachs*، سمك القد الأطلسي *der Kabeljau*، سمك القرش *der Haifisch*، الباس *der Barsch*، سمك التونة *der Thunfisch*. استثناءات: عندما تنتهي الأسماء بالنهاية e- تكون مؤنثة: التروتة *die Forelle*، سمك موسى *die Seezunge*.

النباتات: باستثناء الأشجار والأزهار والفواكه (التي عادة ما تكون أسماء مؤنثة، خاصة إذا كانت تنتهي بالنهاية e-)، تكون أسماء النباتات والخضروات والسلطات والتوابل أسماء مذكرة: الخيزران *der Bambus*، القنبيط الأخضر *der Brokkoli*، الشمر *der Fenchel*، القرنبيط *der Blumenkohl*، براعم بروكسيل *der Rosenkohl*، السبانخ *der Spinat*، الفلفل *der Pfeffer*، قنب

der Hanf، الكراث *der Lauch*، الفطر *der Pilz*، فجل الخيل الريفي *der Meerrettich*، الزنجبيل *der Ingwer*، الخردل *der Senf*، المردقوش *der Oregano*، الثوم المعمر *der Schnittlauch*، الشبت *der Dill*، الزعتر *der Thymian*، الطرخون *der Estragon*، اكليل الجبل *der Rosmarin*، الكزبرة *der Koriander*، السلطة *der Salat*، الأرز *der Reis*، الذرة *der Mais*.

العصائر: العصير *der Saft*، عصير التفاح *der Apfelsaft*، عصير البرتقال *der Orangensaft*، عصير الليمون *der Zitronensaft*.

القهوة والشاي والكعك: الشاي *der Tee* (الرويبوس *der Rooibos*)، القهوة *der Kaffee* (إسبريسو *der Espresso*، كابتشينو *der Cappuccino*)، الكعك *der Kuchen*.

أسماء المشروبات الكحولية: الكحول *der Alkohol*، الشامبانيا *der Champagner*، الكونياك *der Cognac*، الليكور *der Likör*، الأوزو *der Ouzo*، البروسيكو *der Prosecco*، الروم *der Rum*، الشنابس *der Schnaps*، النبيذ الفوار *der Sekt*، النبيذ *der Wein*، الويسكي *der Whiskey* والفودكا *der Wodka* (استثناء: الجعة *das Bier*)[20].

وتعرّف الفئات الفرعية بنفس أداة الفئة الرئيسية:

- النبيذ *der Wein* ← الميرلو *der Merlot*، البينو نوار *der Spätburgunder*
- الكوكتيل *der Cocktail* ← الموخيتو *der Mojito*، الكوزموبوليتان *der Cosmopolitan*
- الجعة *das Bier* ← البيلز (نوع من الجعة) *das Pils*.

---

[20] راجع إدخال الأسماء المنتهية بالنهاية -ier في الفصل الخاص بالأسماء المحايدة لمعرفة سبب كونها *das Bier*.

المعدات والأدوات (خاصة عندما تنتهي هذه الأسماء بالنهاية er- أو or-):

- المفاعل النووي *der Atomreaktor*
- الحاسوب *der Computer*
- مؤشر الكتابة *der Cursor*
- الكاشف *der Detektor*
- التلفاز *der Fernseher*
- المولد *der Generator*
- آلة حاسبة *der Kalkulator*
- المحفز *der Katalysator*
- المكثف *der Kondensator*
- القلم *der Kugelschreiber*
- الشاشة *der Monitor*
- المحرك *der Motor*
- جهاز العرض *der Projektor*
- المعالج *der Prozessor*
- المشعاع *der Radiator*
- جهاز الاستشعار *der Sensor*
- جهاز المحاكاة *der Simulator*
- قضيب الموازنة *der Stabilisator*
- محمصة خبز كهربائية *der Toaster*
- الجرار *der Traktor*
- المروحة *der Ventilator*

بعض الأسماء التي لا تنتمي لفئة المعدات، ولكنها تنتهي بالنهاية or-:

- الجوقة الموسيقية *der Chor*
- العامل *der Faktor*
- الرعب *der Horror*
- الفكاهة *der Humor*

- الكاشف *der Indikator*
- الرواق *der Korridor*
- القطاع *der Sektor*
- الإرهاب *der Terror*
- الخزنة *der Tresor*
- الورم *der Tumor*
- المتجه *der Vektor*

العلامات التجارية للسيارات: الأودي *der Audi*، البي إم دبليو *der BMW*، المرسيدس *der Mercedes*، الفولكسفاغن *der Volkswagen*، الخ، تميل إلى أن تكون مذكرة. ولكن القاعدة لا تمتد بالضرورة إلى أنواع السيارات: الكابريوليه *das Cabriolet* (سيارة ذات سقف قابل للطي)، الكوبيه *das Coupé* (سيارة ذات سقف ثابت وبابين) وهما اسمان من أصل فرنسي، والأسماء الأجنبية المستوردة إلى الألمانية تميل إلى أن تكون محايدة. أما الليموزين *die Limousine* فهي مؤنثة لأنها تنتهي بالنهاية e-.

أسماء القطارات: القطار *der Zug*، القطار فائق السرعة في ألمانيا *der ICE*، القطار فائق السرعة في فرنسا *der TGV*.

العديد من العملات: الدولار الأمريكي *der US-Dollar*، اليورو *der Euro*، الفرنك السويسري *der Schweizer Franken*، الراند الجنوب أفريقي *der südafrikanische Rand*، الرنمينبي *der Renminbi*، اليوان الصيني *der chinesische Yuan*، الين الياباني *der japanische Yen*، الروبل *der Rubel*، البيزو *der Peso*، السنت *der Cent*، البفنغ *der Pfennig*، الرابن *der Rappen*.

استثناءات: الجنيه الاسترليني *das britische Pfund* (لأن الاسم *Pound* يعني كذلك الرطل وهو اسم محايد في الألمانية)، الليرة *die Lira*، الكرونة

die Krone (مؤنثة لأنها تنتهي بالنهاية a- أو e-)، المارك *die Mark*، المارك الألماني *die Deutschmark* (كانت تنتهي بالنهاية a- أو e- في العصور الوسطى).

أنواع الموسيقى: البلوز *der Blues*، الجاز *der Jazz*، البوب *der Pop*، الروك *der Rock* (ولكن ليس الأنواع الأكثر رسوخاً التي تكون مؤنثة: الكلاسيكية *die Klassik*، الأوبرا *die Oper*).

أنواع الرقصات: الفوكستروت *der Foxtrott*، التانغو *der Tango*، البوليرو *der Bolero*، الفلامنجو *der Flamenco*، التشاتشا *der Cha-Cha-Cha*، المامبو *der Mambo*، الرومبا *der Rumba*، السامبا *der Samba*[21]، الفالس *der Walzer*. الاستثناءات: البولكا *die Polka*، المينيويت *das Menuett*.

الأسماء التي تشير إلى أشخاص ذكور تميل إلى أن تكون مذكرة: قد تكون هذه الفئة من الأسماء الأكثر بديهية، ولكن هناك استثناءات في اللغة الألمانية. فبينما يوجد ارتباط بين "الأجناس الطبيعية" للأشخاص وبين "الأجناس النحوية" للأسماء في حالة الرجل *der Mann*، الأب *der Vater*، الابن *der Sohn*، الشاب *der Bub*، الأخ *der Bruder*، العم *der Onkel*... الخ، ولكن صيغة التصغير تغير الجنس إلى المحايد، مثلما في الولد الصغير *das Bübchen*، أو الرُّجيل *das Männchen* (عندما نشير إلى رجل قصير، لتأسف أو السخرية). كما توجد أيضاً حالات أخرى حيث الإشارة إلى شخص ذكر لا تعني بالضرورة استعمال جنس المذكر، كما في حالة الشخص *die Person* أو الرهينة *die Geisel*.

---

[21] يمكن أن تكون أيضا: *der/die Samba*، *der/die Rumba*، *der/die Mambo*.

القاعدة 2: الأصوات

تميل الأسماء المذكرة إلى أن تبدأ وتنتهي بحرف ساكن، وكلما ازداد عدد الحروف الساكنة في بداية أو نهاية الاسم، زاد احتمال أن يكون مذكراً.

الأسماء ذات البادئات واللاحقات أدناه تكون عادة مذكرة:

الأسماء التي تنتهي بالنهاية aal-: سمك الثعبان *der Aal*، القاعة *der Saal*، ومشتقاته العديدة: قاعة المحكمة *der Gerichtssaal*، قاعة الطعام *der Speisesaal*، غرفة الانتظار *der Wartesaal*.

الأسماء التي تنتهي بالنهاية ag-:

- الوسادة الهوائية *der Airbag*
- الحياة اليومية *der Alltag*
- المصدّ *der Anschlag*
- الطلب *der Antrag*
- الأمر *der Auftrag*
- المساهمة *der Beitrag*
- الطبقة *der Belag*
- المثقاب *der Durchschlag*
- المحصول *der Ertrag*
- النكتة *der Gag* (مأخوذة من الإنجليزية "Gag")[22]
- السياج *der Hag*
- اختلاف التوقيت *der Jetlag*

---

[22] مأخوذة من اللغة الإنجليزية، وهو ما ينبغي أن يجعل *Gag* محايد، ولكن لدينا مثال على كيف تجعل النهاية -ag الإسم مذكرا: *der Gag*. مثال آخر هو *der Lag*، من الاسم الإنجليزي Lag ؛ بذلك تدل النهاية ag- بقوة على المذكر.

- التأخُّر *der Lag* (مأخوذة من الكلمة الإنجليزية "Lag")
- يوم الاثنين *der Montag*
- اليوم *der Tag*
- الصفعة *der Schlag*
- دار النشر *der Verlag*
- العقد *der Vertrag*
- الاقتراح *der Vorschlag*

الأسماء التي تنتهي بالنهاية all-:

- النفايات *der Abfall*
- الاصطدام *der Aufprall*
- الكرة *der Ball*
- الدوران *der Drall*
- الحالة *der Fall*
- الرنين *der Hall*
- الانفجار *der Knall*
- الشغب *der Krawall*
- الكريستال *der Kristall*
- الصوت *der Schall*
- الحدث *der Vorfall*
- الصدفة *der Zufall*

استثناءات (محايدة):

- الكون *das All* (نفس فئة الكون *das Universum*)
- الفاصل الزمني *das Intervall* (الصيغة الأصلية مأخوذة من اللاتينية *intervallum*، مما يجعل الإسم المُدخل إلى الألمانية محايداً)

- المعدن *das Metall* (تميل المعادن إلى أن تكون محايدة)

استثناءات (مؤنث): العندليب *die Nachtigall* (تميل الطيور الصغيرة إلى المؤنث، كما هو الحال مع طائر العندليب).

الأسماء التي تنتهي بالنهاية am-: البضاعة الرخيصة *der Kram*، الإمام *der Imam*، الإسلام *der Islam*، السمسم *der Sesam*، الصلام *der Poetry-Slam*، البطولات الكبرى *der Grand-Slam*.

الأسماء التي تنتهي بالنهاية an-: الأسماء المنتهية بهذه النهاية تميل إلى أداة المذكر. وهي نهاية قوية جدا تتفوق على قاعدة "الأسماء المستوردة من اللغات الأخرى تكون محايد".

- الشرفة *der Altan*
- الناردين *der Baldrian*
- منطقة البلقان *der Balkan*
- لأحمق *der Blödian*
- القافلة *der Caravan*
- العميد *der Dekan*
- عضو الأبرشية *der Diözesan*
- الأريكة *der Diwan*
- عارض الأزياء *der Dressman*
- الاندفاع *der Elan*
- الجنطيانا *der Enzian*
- المعجب *der Fan*
- الدراج (طائر) *der Fasan*
- الرجل المهذب *der Gentleman*
- الشخص الخشن *der Grobian*

- صدأ النحاس *der Grünspan*
- مثير الشغب *der Hooligan*
- الإعصار *der Hurrikan*
- إيران *der Iran*، السودان *der Sudan*، جنوب السودان *der Südsudan* (قليل من البلدان مذكرة حيث أن معظم البلدان تكون من جنس المحايد)
- القفطان *der Kaftan*
- أمين القصر *der Kastellan*
- القطمران *der Katamaran*
- إنسان الغاب *der Orang-Utan*
- العشيرة *der Klan*
- القرآن *der Koran*
- الرافعة *der Kran*
- الزميل *der Kumpan*
- زيت كبد الحوت *der Lebertran*
- الإغوانية *der Leguan*
- البردقوش *der Majoran* (غالبية التوابل تكون أسماء مذكرة)
- الوسيط *der Median*
- خط الزوال *der Meridian*
- السمك الأبيض *der Merlan*
- الإعصار *der Orkan*
- طائر الأورتولان *der Ortolan*
- المحيط *der Ozean*
- جبن البارميجيانو *der Parmesan*
- قرد البابون *der Pavian*
- البجعة *der Pelikan*
- الخطة *der Plan*
- شهر رمضان *der Ramadan*

- الرواية *der Roman*
- الزعفران *der Safran* (غالبية التوابل تكون أسماء مذكرة)
- الفوضى *der Schlendrian*
- الإوزة *der Schwan*
- السيتان *der Seitan*
- الشعار *der Slogan*
- السُبرانُو *der Sopran*
- الشظية *der Span*
- الورل *der Steppenwaran*
- المجازف *der Stuntman*
- السلطان *der Sultan*
- الطلسم *der Talisman*
- الطرزان *der Tarzan*
- الزعتر *der Thymian* (غالبية التوابل تكون أسماء مذكرة)
- الجبابرة/التيتان (ميثولوجيا يونانية) *der Titan*
- التريماران (نوع من السفن) *der Trimaran*
- زيت السمك *der Tran*
- طائر الطوقان *der Tukan*
- العمامة *der Turban*
- الجندي الرمّاح *der Ulan*
- الرعية *der Untertan*
- شاحنة الفان *der Van*
- الفاتيكان *der Vatikan*
- المحارب القديم *der Veteran*
- البركان *der Vulkan*
- اليوان (العملة الصينية) *der Yuan*

تأخذ العديد من أسماء الذكور النهاية an-: أدريان *der Adrian*، كريستيان *der Christian*، فابيان *der Fabian*، فلوريان *der Florian*، إيفان *der Ivan*، جين *der Jean*، يوناتان *der Jonathan*، يوليان *der Julian*، كيان *der Kian*، كيليان *der Kilian*، ماريان *der Marian*، مكسيميليان *der Maximilian*، زيباستيان *der Sebastian*، شتيفان *der Stefan/Stephan*، تيلمان *der Tilman*، تريستان *der Tristan*.

استثناءات: غالبا ما تدخل أسماء البلدان في فئة المحايد، وينطبق هذا أيضا على الأسماء ذات النهاية an-[23]:

افغانستان *(das) Afghanistan*، اذربيجان *(das) Aserbaidschan*، بوتان *(das) Bhutan*، اليابان *(das) Japan*، الأردن *(das) Jordanien*، كازاخستان *(das) Kasachstan*، قيرغيزستان *(das) Kirgisistan*، كردستان *(das) Kurdistan*، باكستان *(das) Pakistan*، تايوان *(das) Taiwan*، طاجيكستان *(das) Tadschikistan*، تركمنستان *(das) Turkmenistan*، أوزبكستان *(das) Usbekistan*.

هناك استثناءات أخرى خاصة بالنهاية an- تدخل في فئة المحايد: العناصر في الجدول الدوري، ومعادن وغازات ومواد كيميائية ومشتقاتها:

- غاز البوتان *das Butan*
- الهبتان *das Heptan*
- الهكسان *das Hexan*
- العلامة المائية *das Filigran* (أعمال زينة تصنع من الذهب والفضة)
- المنجنيز *das Mangan*
- الميثان *das Methan*
- النونان *das Nonan*

---

[23] راجع الإدخال الخاص بالبلدان في فصل الأسماء المحايدة لمعرفة متى تستعمل das عندما تشير إلى اسم بلد محايد، لأن الأداة عادة تحذف.

- الأوكتان *das Oktan*
- البنتان *das Pentan*
- البروبان *das Propan*
- التيتانيوم *das Titan*
- التريبتوفان *das Tryptophan*
- اليورانيوم *das Uran*
- المرصبان *das Marzipan* (معجون اللوز)
- الخزف *das Porzellan*
- السيلوفان *das Zellophan*

توجد ثلاث استثناءات أخرى يتم استعمالهما بكثرة و هي من الجنس المحايد:

- *das LAN* (تصغير كلمة *Local Area Network*)
- *das WLAN* (تصغير كلمة *Wireless local area network*)
- العضو من الجسم أو الهيئة *das Organ*

ويوجد استثناء نادر جدا، كلمة ذات النهاية an- وهي مؤنثة: الغشاء *die Membran* (لأنها من فئة كلمة الجلد *Die Haut* وهي مؤنثة).

الأسماء التي تنتهي بالنهاية ang-:

- الاندفاع *der Drang*
- الصيد *der Fang*
- المسار *der Gang*
- المنحدر *der Hang*
- الرنين *der Klang*
- الرتبة *der Rang*
- البداية *der Anfang*
- الاستقبال *der Empfang*

- الانسجام *der Einklang*
- الغناء *der Gesang*[24]
- الموستانج (حصان بري) *der Mustang*
- العامية *der Slang*
- الحبل *der Strang*
- العشب البحري *der Tang*
- الستار *der Vorhang*

الأسماء التي تنتهي بالنهاية ant-: أسماء الأشخاص أو الحيوانات المذكرة:

- المتظاهر *der Demonstrant*
- الفيل *der Elefant*
- المُورِّد *der Lieferant*

استثناءات: الأشياء الجامدة والأسماء المستعارة من اللغة الفرنسية، والتي غالبا ما تكون محايدة: الكرواسون *das Croissant*، مزيل العرق/روائح *das Deodorant*، المطعم *das Restaurant*.

الأسماء التي تنتهي بالنهاية ast-:

- الصابورة *der Ballast*
- الرافية *der Bast*
- البلاستيدات الخضراء *der Chloroplast*
- قماش البروكار الدمشقي *der Damast*
- المتحمس *der Enthusiast*

---

[24] الأسماء ذات البادئة -Ge تكون في معظم الأحيان محايدة، ولكن يوجد استثناء نادر، حيث أن النهاية ang- تجعل الاسم مذكر. وهذا يقترح أن النهاية ang- تدل بقوة على المذكر.

- صارية العلَم *der Fahnenmast*
- الخيالي *der Fantast/Phantast*
- الضيف *der Gast*
- تلميذ المدرسة الثانوية *der Gymnasiast*
- السجن *der Knast*
- التباين *der Kontrast*
- الصاري *der Mast*
- المستنقع *der Morast*
- القصر *der Palast*
- نبات الدفنة *der Seidelbast*
- الخبز المحمص *der Toast*[25]
- نواة الخلية *der Zytoblast*

استثناء من الاسماء ذات النهاية ast- ولكنها تكون مؤنثة (كما ورد سابقا تميل فئة المؤنث إلى شمول المفاهيم المجردة):

- الإرث *die Altlast*
- عبء الإثبات *die Beweislast*
- الاستعجال *die Hast*
- الحِمل *die Last*
- الصارية *die Mast*
- الاضطراب *die Unrast*
- الراحة *die Rast*

---

[25] الأسماء المستوردة من لغات أجنبية تميل إلى أداة تعريف المحايد أو تدخل تأخذ نفس جنس مرادفها الألماني. الاسم *der Toast* لا يطابق أيا من هذه القواعد إذا كان يشير إلى الخبز المحمص، ولكن جنسه يتفق مع المرادف (النخب) *der Trinkspruch* إذا استعمل بمعنى "رفع كأس النَخب على شرف شخص ما".

الأسماء التي تنتهي بالنهاية auch-:

- البطن *der Bauch*
- العادة *der Brauch*
- الاستخدام *der Gebrauch*
- الثوم *der Knoblauch*
- الكراث *der Lauch*
- سوء الاستعمال *der Missbrauch*
- الدخان *der Rauch*
- الخرطوم *der Schlauch*
- الشجيرة *der Strauch*
- الاستهلاك *der Verbrauch*

الأسماء التي تنتهي بالنهاية aum-:

- الشجرة *der Baum*
- الحلم *der Traum*
- الرغوة *der Schaum*
- الغرفة *der Raum*
- الحاشية *der Saum*
- الزغب *der Flaum*

الأسماء التي تنتهي بالنهاية bold-:

- العفريت *der Kobold*
- الكاذب *der Lügenbold*
- السكير *der Trunkenbold*
- المهرّج *der Witzbold*

الأسماء التي تنتهي بالنهاية eg-:

- الانحدار *der Abstieg*
- المخرج *der Ausstieg*
- المنفذ/المهرب *der Ausweg*
- الإيصال *der Beleg*
- الحرب *der Krieg*
- الطريق *der Weg*

ثمة استثناءان محايدان لكونهما مستعاران من اللاتينية: الامتياز *das Privileg*، تدنيس الحرمات *das Sakrileg*.

الأسماء التي تنتهي بالنهاية eis-:

- الدائرة *der Kreis* (نفس فئة الخاتم *der Ring*، الدائرة *der Zirkel*)
- السعر *der Preis*
- بطاقة الهوية *der Ausweis*

الأسماء التي تنتهي بالنهاية en-: حوالي 80% [26] من الأسماء التي تنتهي بالنهاية en- تتكون مذكرة و20% الباقية تكون محايدة. الأسماء التي تنتهي بالنهاية en- ليست نموذجياً مؤنثة.

- العارضة الخشبية *der Balken*
- الرزمة *der Ballen*
- السبيكة *der Barren*

---

[26] فيغنر، هايدا. 1995. الانعكاس الاسمي للغة الألمانية كموضوع للتعلم. ماكس نيماير فيرلاج، ص. 75

- القطعة الكبيرة *der Batzen*
- المكنسة *der Besen*
- الأرض *der Boden*
- القوس *der Bogen*
- اللحم المشوي *der Braten*
- القطعة *der Brocken*
- النافورة *der Brunnen*
- الثدي *der Busen*
- الإبهام *der Daumen*
- السيف *der Degen*
- التنين *der Drachen*
- الخيط *der Faden*
- الصخرة *der Felsen*
- الرقعة *der Fetzen*
- الرغيف *der Fladen*
- السلام *der Frieden*
- الشرارة *der Funken*
- المشنقة *der Galgen*
- الحديقة *der Garten*
- سقف الحلق *der Gaumen*
- العقيدة *der Glauben*
- الحفرة *der Graben*
- الميناء *der Hafen*
- الخُطاف *der Haken*
- الكومة *der Haufen*
- الخصية *der Hoden*
- حشيشة الدينار *der Hopfen*
- السعال *der Husten*

- الشبّوط *der Karpfen* (السمك يميل إلى أداة تعريف المذكر)
- العربة *der Karren*
- الصندوق *der Kasten*
- الكتلة *der Klumpen*
- العظم *der Knochen*
- العقدة *der Knoten*
- المكبس *der Kolben*
- الفلين/السدادة *der Korken*
- الياقة *der Kragen*
- الفطيرة المحشوة *der Krapfen*
- الكعكة *der Kuchen*
- المحل/الدكان *der Laden*
- الخرقة *der Lappen*
- الجوخ الخشن *der Loden*
- المعدة *der Magen*
- الرقبة *der Nacken*
- الفرن *der Ofen*
- الجمعية الدينية/الوسام *der Orden*
- المجموعة *der Packen*
- السدادة *der Pfropfen*
- الحلق *der Rachen*
- الإطار *der Rahmen*
- العشب *der Rasen*
- المشط *der Rechen*
- المطر *der Regen*
- الإطار *der Reifen*
- سمك الشفنين *der Rochen*
- الجاودار *der Roggen*

- الظهر *der Rücken*
- البذور *der Samen*
- الضرر *der Schaden*
- اللحم المملح من فخذ الخنزير *der Schinken*
- الزكام *der Schnupfen*
- السقيفة *der Schuppen*
- البركة *der Segen*
- الجورب *der Socken*
- المجرفة *der Spaten*
- العود *der Stecken*
- الشريط *der Streifen*
- القطرة *der Tropfen*
- العربة *der Wagen*
- القمح *der Weizen*
- القمة *der Zacken*
- الصنوبر *der Zapfen*

حوالي 20% من الكلمات التي تنتهي بالنهاية en- تكون محايدة: [27]

- الأسماء المشتقة من الأفعال والتي تنتهي بالنهاية en- تكون محايدة[28]: الطعام *das Essen*، الحياة *das Leben*، المعرفة *das Wissen*، الكتابة

---

[27] المرجع السابق: ص 75

[28] يمكن للشخص في اللغة الألمانية أن يتعرف على الفعل في صيغة المصدر إذا كان ينتهي بالنهاية en-، مثل *spielen* (يلعب). والآن لنحول *spielen* إلى إسم. إذا أردت أن تشير إلى "فعل اللعب"، بمعنى أن "اللعب نشاط مهم في رياض الأطفال"، فعندئذ ستقوم بابتدائه بحرف كبير لإظهار أنه أصبح إسمًا. الأسماء التي تم بناؤها من الأفعال بهذه الطريقة عادة ما تكون محايدة: *das Spielen*. تسمح لك هذه القاعدة بمعرفة جنس العديد من الأسماء التي بُنيت بهذه الطريقة. وبالمثل، إذا صادفت اسم ينتهي بالنهاية en- ولم يكن مشتق من فعل، كما هو الحال في *Kindergarten* (من الواضح أنه ليس فعلًا)، فعندئذ يكون الاحتمال كبيرا بأن الاسم مذكر، لأن غالبية الأسماء التي تنتهي بالنهاية en- وغير المشتقة من الأفعال تكون مذكرة، ومنها *der Kindergarten*.

das Schreiben اللقاء، *das Treffen* العلامة، *das Zeichen* الزلزال، *das Beben*.

- صفات التصغير التي تنتهي بالنهاية en- تكون محايدة: الكتكوت *das Küken*، المهر *das Fohlen*.

- الأسماء المتعلقة بقواعد النحو وأجزاء الكلام تكون محايدة، حتى حين تنتهي هذه الأسماء بالنهاية en-:الإسم *das Nomen*.

- الأسماء المتعلقة بفئات التصنيف العليا تكون محايدة (راجع الفصل الخاص بالأسماء المحايدة للحصول على تفاصيل أكثر)، وينطبق ذلك أيضاً حين تنتهي هذه الأسماء بالنهاية en-: المخلوق *das Wesen*، الحجم *das Volumen*، الثروة *das Vermögen*.

- العديد من الأسماء المرتبطة بغرفة النوم (*das Schlafzimmer*) والحمام (*das Badezimmer*) تكون محايدة، وينطبق ذلك أيضاً حين تنتهي هذه الأسماء بالنهاية en-: الملاءة *das Laken*، الوسادة *das Kissen*، الكتان *das Leinen*، ملاءة الفراش *das Leintuch*، السرير *das Bett*، الحوض *das Becken*، حوض الغسل *das Waschbecken*، الحمام *das Bad*.

- أسماء محايدة أخرى تنتهي بالنهاية en-: الامتحان *das Examen* (مأخوذة من الفرنسية، والأسماء المستعارة من اللغات الأخرى تأخذ أداة تعريف المحايد)، الحديد *das Eisen* (المعادن محايدة)، الشعار *das Wappen* (تنتمي لنفس الفئة المحايدة مثل الراية *das Banner* والشعار الوطني *das Hoheitszeichen*).

الأسماء التي تنتهي بالنهاية ent- (ولكن ليس الأسماء التي تنتهي بالنهاية ment-[29]):

- خريج المدرسة الثانوية *der Abiturient* (طالب المدرسة الثانوية في عامه النهائي، أو المُقبِل على العام النهائي بالثانوية أو الذي أنهى للتو دراسته الثانوية)
- المشترك *der Abonnent*
- المتخرج *der Absolvent*
- عيد البشارة *der Advent*
- الوكيل/العميل *der Agent*
- النبرة *der Akzent*
- المُساعد *der Assistent*
- الكستور *der Barchent*
- السنت *der Cent*
- قائد الفرقة الموسيقية *der Dirigent*
- المنشق *der Dissident*
- المُحاضر *der Dozent*
- الأسّ (رياضيات) *der Exponent*
- التدرج *der Gradient*
- المُعامل *der Koeffizient*
- المستهلك *der Konsument*
- القارة *der Kontinent*
- الخصم *der Kontrahent*
- الاتفاقية *der Konvent*
- المُراسل *der Korrespondent*
- اللحظة *der Moment*

---

[29] الأسماء التي تنتهي بالنهاية ment- تكون محايدة. انظر الفصل الخاص بالأسماء المحايدة.

- الغرب *der Okzident*
- المُعارض *der Opponent*
- الشرق *der Orient*
- المريض *der Patient*
- الرئيس *der Präsident*
- المُنتج *der Produzent*
- الحاصل *der Quotient*
- المُتكلم *der Referent*
- الحاكم *der Regent*
- المقيم *der Resident*
- الناقد *der Rezensent*
- الطالب *der Student*
- المُحيل *der Zedent*

استثناءات (فئة المحايد):

- الحصة *das Kontingent* (من أصل فرنسي/لاتيني)
- براءة الاختراع *das Patent* (مأخوذة من اللاتينية مما يجعل الأسماء محايدة في الألمانية)
- النسبة المئوية *das Prozent* (من نفس فئة الكسور، والتي عادة ما تكون محايدة مثل الربع *das Viertel*، الخ)
- الموهبة *das Talent* (وهو في الأصل وحدة وزن، مثل الرطل *das Pfund*، ولكنه اليوم يعني الكفاءة الطبيعية أو المهارة)
- اللافتة *das Transparent* (وبالتالي الراية *das Banner* محايدة ايضاً)

الأسماء التي تنتهي بالنهاية er-: حوالي 70% من الأسماء التي تنتهي بالنهاية er- (ولكن ليس النهاية ier-)[30] تكون مذكرة[31].

- *der Acker* الحقل
- *der Anker* المرساة
- *der Ärger* الغضب
- *der Bagger* الحفارة
- *der Becher* الكأس
- *der Bedenkenträger* المتشكك
- *der Biber* القندس
- *der Bohrer* المثقاب
- *der Bunker* المخبأ
- *der Donner* الرعد
- *der Dünger* السماد
- *der Eifer* الحماس
- *der Eimer* الدلو
- *der Eiter* القيح
- *der Fächer* المروحة
- *der Falter* الفراشة
- *der Fehler* الخطأ
- *der Filter* المرشح
- *der Finger* الإصبع
- *der Fühler* المجس
- *der Hafer* الشوفان
- *der Hammer* المطرقة

---

[30] لمزيد من التفاصيل حول ier- راجع الفصل الخاص بالأسماء المحايدة.

[31] هايدي فيجينر. المرجع السابق ص 75.

- الهامستر *der Hamster*
- السنام *der Höcker*
- مقعد بدون مسند *der Hocker*
- سرطان البحر *der Hummer*
- الجوع *der Hunger*
- الزنجبيل *der Ingwer*
- البؤس *der Jammer*
- تشكيلة الفريق *der Kader*
- الخنفساء *der Käfer*
- القط/خمار السكر *der Kater*
- القبو *der Keller*
- السجن *der Kerker*
- الغِراء *der Kleber*
- الطُعْم *der Köder*
- حقيبة السفر *der Koffer*
- الجسم *der Körper*
- فوهة البركان *der Krater*
- المُبرّد *der Kühler*
- الهمّ *der Kummer*
- الليزر *der Laser*
- الثُريّا *der Lüster*
- الملفّ *der Ordner*
- الدبابة *der Panzer*
- جهاز الإرسال (إذاعة) *der Sender*
- الصيف *der Sommer*
- الطبق *der Teller*
- النَمِر *der Tiger*
- الفالس *der Walzer*

- المنبه *der Wecker*
- الشتاء *der Winter*
- السحر *der Zauber*
- المؤشر *der Zeiger*
- السكر *der Zucker*

الأسماء مشتقة من أفعال مع لاحقة er- غالبا ما تكون مذكرة:
يعمل *arbeiten* ← العامل *der Arbeiter*؛ يقود *fahren* ← السائق *der Fahrer*؛ يُعلّم *lehren* ← المُعلّم *der Lehrer*؛ يلعب *spielen* ← اللاعب *der Spieler*.

الأسماء أو الأفعال أو صفات مُضاف إليها -er, -ler, -ner, -iker غالبا ما تكون مذكرة: السكة الحديدية *Eisenbahn* ← عامل السكة الحديدية *der Eisenbahner*، هامبورغ *Hamburg* ← الهامبورغر *der Hamburger*، رياضة *Sport* ← الرياضي *der Sportler*، معاش التقاعد *Rente* ← المتقاعد *der Rentner*، كحول *Alkohol* ← مدمن الكحول *der Alkoholiker*، يشاهد التلفاز *fernsehen* ← التلفاز *der Fernseher*، يخطأ *fehlen* ← الخطأ *der Fehler*.

مشتقات الأرقام التي تنتهي بالنهاية er- غالبا ما تكون مذكرة:
الخمسون (ترتيب) ← *der Fünfziger*.

استثناءات: قرابة 15% من الأسماء التي تنتهي بالنهاية er- تكون مؤنثة.[32]

هناك فئة واحدة من الأسماء المنتهية بالنهاية er- تكون مؤنثة وهي أجزاء الجسم:

---

[32] المرجع السابق: ص 75.

- الشريان *die Ader*
- الكبد *die Leber*
- الكتف *die Schulter*
- الرمش *die Wimper*
- البطين القلبي *die Herzkammer*

أسماء مؤنثة أخرى تنتهي بالنهاية er-:

- الزبدة *die Butter* (من المعتاد أن ينتهي المؤنث بالنهاية a-؛ لاحظ أيضاً تسلسل: البقرة *die Kuh* ←الحليب *die Milch* ←الزبدة *die Butter*)[33]
- المدة/الفترة *die Dauer*
- العقعق *die Elster* (الطيور الصغيرة غالبا ما تكون مؤنثة)
- الرقم *die Ziffer* (الأرقام غالبا ما تكون مؤنثة)
- الألياف *die Faser* (مرادف السلك المجدول *die Litze*)
- الريشة *die Feder*
- الاحتفال *die Feier*
- التعذيب *die Folter* (من نفس فئة *die Tortur*، *die Quälerei*المؤنثة)
- السلم *die Leiter*، مرادف *die Verbindung*، مشتق من *die Leitung*
- الأوبرا *die Oper* (أسم كان ينتهي ب a- في أواخر القرن الثامن عشر)
- العذاب *die Marter*
- السور *die Mauer* (مرادف *die Wand*؛ الأشكال المسطحة تميل إلى أن تكون مؤنثة)
- المجاز *die Metapher* (مرادف *die Übertragung*)

---

[33] إذا كانت *Butter* تبدوا وكأنها يجب أن تكون مذكر، فهي كذلك في لهجات بعض المناطق من جنوب غرب ألمانيا. المصدر: باستيان سيك "الزبدة، الدجاج، الطبق"، زويبلفيش، أغسطس 2006 .www.Spiegel.de

- الضريبة *die Steuer* (الأرقام مؤنثة)
- الحزن *die Trauer* (الدموع *die Träne* مؤنثة)
- الرقم *die Ziffer* (الأرقام مؤنثة)

استثناءات تأخذ أداة تعريف المحايد: حوالي 15%[34] من الأسماء المنتهية بالنهاية er- تكون محايدة.

- السن *das Alter* (التسمية العامة للأعمار، وتُقاس عادة بالسنوات *das Jahr*)
- الراية *das Banner* (كلمة مستعارة من الفرنسية، وعادة ما تكون الأسماء المستوردة محايدة؛ والإسم أيضاً من نفس فئة *das Hoheitszeichen* و *das Wappen* المحايدة).
- النار *das Feuer* (بعض عناصر الطبيعة تميل إلى أن تكون محايدة)
- الحُمّى *das Fieber* (كلمة مستعارة من اللاتينية وهو ما يجعلها محايدة)
- العلف *das Futter* (الفئة العليا؛ طعام الحيوانات)
- البوابة *das Gatter* (فئة *das Hindernis*، *das Portal*، *das Tor*).
- الشبكة الحديدية *das Gitter* (تميل المعادن إلى أن تكون محايدة).
- الدير *das Kloster* (كلمة من اللاتينية وتعني سكن الرهبان والراهبات، وهي من نفس فئة *das Wohnhaus* المحايدة).
- النحاس *das Kupfer* (تميل المعادن إلى أن تكون محايدة).
- المخزن/المستودع *das Lager* (نفس الفئة المحايدة *das Vorratshaus*، *das Depot*، *das Camp*).
- الجلد *das Leder* (نفس فئة المنتجات الحيوانية مثل *das Fell*)
- السكين *das Messer* (تميل المعادن والسيوف إلى أن تكون محايدة)
- النموذج *das Muster* (نفس فئة *das Beispiel*)
- الضحية *das Opfer* (يمكن أن يشير إلى أشياء جامدة أو لأشخاص)
- الشريط اللاصق *das Pflaster* (يعني أيضاً أرضية مرصوفة)

---

[34] فيجينر، هايدي. المرجع السابق ص 75.

- الملصق *das Poster* (كلمة مستعارة من الانجليزية وعادة ما تكون الأسماء المستعارة من اللغات الأخرى محايدة)
- المسحوق *das Pulver*
- الدفة *das Ruder* (نفس فئة *das Steuer* و *das Paddel*)
- الفضة *das Silber* (تميل المعادن إلى أن تكون محايدة)
- الشط/الساحل *das Ufer* (نفس فئة الأرض *das Land*)
- الماء *das Wasser* (تميل عناصر الطبيعة إلى أن تكون محايدة)
- الطقس *das Wetter* (نفس فئة المناخ *das Klima*)
- المعجزة *das Wunder* (نفس فئة *das Ereignis*، *das Geschehen* *das Staunen*)
- الغرفة *das Zimmer* (أصل الإسم من الفعل *zimmern* ويعني ينجر أو يصنع شيء من الخشب (ومنه تشتق كلمة النجار *der Zimmermann*)؛ والإسم أيضاً من نفس فئة المحايد مثل الحجرة *das Gemach* والمنزل *das Haus* والمبنى *das Gebäude*).

الأسماء التي تنتهي بالنهاية el-: كما هو الحال بالنسبة للأسماء التي تنتهي بالنهاية er- (راجع أعلاه)، الأسماء التي تنتهي بالنهاية el- تميل الى أن تكون مذكرة. حوالي 60%[35] من الأسماء التي تنتهي بالنهاية el- تكون مذكرة.

الأسماء التي تدخل في فئة المذكر وتنتهي بالنهاية el-:

- التفاح *der Apfel* (وهو استثناء من القاعدة التي تنص على أن الفواكه تميل إلى جنس المؤنث)
- الكم *der Ärmel*
- المقال/السلعة *der Artikel*
- الكيس *der Beutel*

---

[35] المرجع السابق: ص 75.

- الجاموس *der Büffel*
- القوس/العلّاقة *der Bügel*
- كلب الداشهند *der Dackel* (نفس فئة الكلب *der Hund*)
- الغطاء *der Deckel*
- العَلَقَة *der Egel*
- الملَك *der Engel*
- الحمار *der Esel*
- الجناح *der Flügel*
- القمة *der Gipfel*
- الحزام *der Gürtel*
- البرد *der Hagel*
- التجارة *der Handel*
- الرافعة *der Hebel*
- المقبض *der Henkel*
- السماء *der Himmel*
- التل *der Hügel*
- القنفذ *der Igel*
- التهليل *der Jubel*
- المخروط (هندسي) *der Kegel*
- الغلاية *der Kessel*
- المعطف (الأبيض) *der Kittel*
- الكاحل *der Knöchel*
- كفتة البطاطس *der Knödel*
- الغضروف *der Knorpel*
- الدلو *der Kübel*
- الملعقة *der Löffel* (أداة منزلية هامة تتبع قاعدة الأجناس ذات النهاية -el)
- النقص *der Mangel*
- المعطف *der Mantel*

- الإزميل *der Meissel*
- المونة/الملاط *der Mörtel* (خليط من الاسمنت والرمل)
- العضلة *der Muskel*
- السرة *der Nabel*
- المسمار/الظفر *der Nagel*
- الضباب *der Nebel*
- مقياس مستوى الماء *der Pegel*
- المِعول/البَثْر *der Pickel*
- الغوغاء/الرعاع *der Pöbel*
- كلب البطباط *der Pudel*
- الخرطوم *der Rüssel*
- السيف *der Säbel*
- الفخذ *der Schenkel*
- المفتاح *der Schlüssel*
- المنقار *der Schnabel*
- المقعد المريح *der Sessel*
- القاعدة *der Sockel*
- الكومة *der Stapel*
- المعبد *der Tempel*
- العنوان *der Titel*
- الصخب *der Trubel*
- البركة *der Tümpel*
- النفق *der Tunnel*
- الطائر *der Vogel*
- الزاوية *der Winkel*
- القمة الشجرة *der Wipfel*
- المكعب/الزهر *der Würfel*
- قصاصة الورق *der Zettel*

- الطوب *der Ziegel*
- البَرْجَل/الفِرْجار *der Zirkel*
- الشك *der Zweifel*

استثناءات: حوالي 25%[36] من الأسماء التي تنتهي بالنهاية el- تكون مؤنثة:

- الطيور (غالبا ما تكون أسماء الطيور الصغيرة مؤنثة): الشحرور *die Amsel*، فصيلة عصافير السمنة *die Drossel*، السمان *die Wachtel*.

- منتجات النباتات غالبا ما تكون مؤنثة، وبالتالي أيضًا الأسماء من هذه الفئة التي تنتهي بالنهاية el-: مثل التمر *die Dattel*، الحسد (نبات) *die Distel*، البلوط *die Eichel*، الجذر *die Wurzel*.

- كما هو الحال بالنسبة للأسماء التي تنتهي بالنهاية er-، بعض أجزاء الجسم تكون استثناء لقاعدة الأسماء المنتهية بالنهاية el-: الإبط *die Achsel*.

- بعض المواد الغذائية والأواني المتصلة بها: مثل *die Muschel* (من مأكولات البحر الصدفية، من كلمة muscula في القرن التاسع)، المعكرونة *die Nudel*، الشوكة *die Gabel* (راجع الشرح في المقدمة)، كذلك بعض الأدوات المنزلية التي تنتهي بالنهاية el-: الإبرة *die Nadel*، الحبل *die Kordel*، الكرنك *die Kurbel*، السبورة *die Tafel*.

- السنارة *die Angel*

- العبارات والقواعد والقصص تميل إلى أن تكون مؤنثة: الكتاب المقدس *die Bibel*، الحكم *die Regel*، الشرط *die Klausel*، الخرافة *die Fabel*، المجاملة *die Floskel*.

---

36 المرجع السابق؛ ص 75.

- الأشياء الساطعة/التي تمدّنا بالضوء: المصباح *die Ampel*، الشعلة *die Fackel* (مشتقة من كلمة fackala من القرن الثامن)

- الجزيرة *die Insel* (كلمة مشتقة من اللاتينية insula ذات النهاية a- والتي تأخذ أداة تعريف المؤنث)

- العملاء *die Klientel* (كلمة مشتقة من اللاتينية clientela ذات النهاية a- والتي تأخذ أداة تعريف المؤنث)

- الرصاصة *die Kugel* (كانت تنتهي بالنهاية e- في العصور الوسطى، وهذه علامة من علامات المؤنث)، جندول *die Gondel* (كلمة مشتقة من الكلمة الإيطالية gondola التي تنتهي بالنهاية a- وهي علامة من علامات المؤنث)، الغطاء *die Kapsel* (مشتقة من الكلمة اللاتينية capsula)، الأُرغُن *die Orgel* (مشتقة من الكلمة اللاتينية organa)، الصيغة *die Formel* (مشتقة من الكلمة اللاتينية formula)، الرهينة *die Geisel* (مؤنث أو مذكر).

استثناءات: حوالي 15% من الأسماء التي تنتهي بالنهاية el- تكون محايدة:

- الانهيار *das Debakel* (كلمة مستعارة من الفرنسية، وكما ذكرنا سابقا ان الكلمات المستعارة من اللغات الأخرى تكون محايدة؛ نفس فئة الفشل *das Fiasko*، الكارثة *das Desaster*)
- الخنزير الصغير *das Ferkel* (وكما ذكرنا سابقا صفات التصغير غالبا ما تكون محايدة)
- الفندق *das Hotel* (الفنادق تكون محايدة، نفس فئة النزل *das Gasthaus*)
- الكابل *das Kabel* (نفس فئة الحبل *das Seil*)

- الفصل *das Kapitel* (جزء من الكتاب *das Buch*، وهي مشتقة من الكلمة اللاتينية capitulum، وهي اسم محايد في اللغة اللاتينية ومحايد لدى استعارة اللغة الألمانية له)
- الوسيلة *das Mittel* (مرتبطة بالنقود *das Geld* ورأس المال *das Kapital*)
- النيكل *das Nickel* (تميل المعادن إلى المحايد)
- النبوءة/الوحي *das Orakel* (إسم يمكن أن يشير إلى شخص مذكر أو مؤنث، أو حتى إلى شيء؛ وهو مأخوذ من الكلمة اللاتينية oraculum، وهو ما يجعله محايد في اللغة الألمانية).
- المجداف *das Paddel* (كلمة مستعارة؛ نفس فئة الدفة *das Rude*)
- بندول الساعة *das Pendel* (استعارة من الكلمة اللاتينية pendulum)
- اللغز *das Rätsel* (نفس فئة السر *das Geheimnis*، الغموض *das Mysterium*، الظاهرة *das Phänomen*، المعجزة *das Wunder*)
- القطيع *das Rudel* (الأسماء التي تشير الى مجموعات غالبا ما تكون محايدة، خصوصاً عندما تبدأ بالبادئة -Ge).
- الشراع *das Segel* (مثل قطعة القماش *das Tuchstück*).
- الشر *das Übel* (نفس فئة السوء *das Böse*، الألم *das Leid*).
- العرسة *das Wiesel* (حيوان صغير)

الأسماء التي تنتهي بالنهاية eur- (وليس النهاية ur-):[37]

- الممثل *der Akteur*
- الهاوِ *der Amateur*
- الرجل الساحر *der Charmeur*
- السائق *der Chauffeur*

---

[37] الأسماء التي تنتهي بالنهاية ur- تميل إلى أداة تعريف المؤنث؛ راجع المدخلات الخاصة بالنهاية ur- في فصل الأسماء المؤنثة.

- فني الديكور *der Dekorateur*
- الهارب/الفارّ من الجندية *der Deserteur*
- مُروّض الحيوانات *der Dompteur*
- مُدرّب الحيوانات *der Dresseur*
- المُصدّر *der Exporteur*
- المخرج *der Filmregisseur*
- المُتسكّع *der Flaneur*
- الحلّاق *der Friseur*
- الحاكم *der Gouverneur*
- النقّاش *der Graveur*
- المُقامر *der Hasardeur*
- المستورِد *der Importeur*
- المهندس *der Ingenieur*
- مصمم الديكورات الداخلية *der Innendekorateur*
- المُفتّش *der Inspekteur*
- السبّاك *der Installateur*
- الخبير/المرشد *der Instrukteur*
- البهلوان *der Jongleur*
- العميل/المتعاون مع العدو *der Kollaborateur*
- البائع المتجول/مروّج الشائعات *der Kolporteur*
- القائد *der Kommandeur*
- المصمّم *der Konstrukteur*
- المراقب *der Kontrolleur*
- الناهب *der Marodeur*
- المُدلّك *der Masseur*
- فني التركيب *der Monteur*
- الجراح *der Operateur*
- صانع العطور *der Parfümeur*

- الانتهازي *der Profiteur*
- المُستفز *der Provokateur*
- المُحرّر *der Redakteur*
- المُخرج *der Regisseur*
- الهدّام/المُخرّب *der Saboteur*
- المتفاخر/المتباهي *der Schwadroneur*
- المُلقّن *der Souffleur*
- وكيل الشحن *der Spediteur*
- الناقل *der Transporteur*
- البصّاص/مختلس النظر *der Voyeur*

استثناء: الداخل *das Interieur* (شيء جامد، ليس مهنة، دور أو نشاط).

الأسماء التي تنتهي بالنهاية ich-: الأسماء التي تنتهي بالنهاية ich- تكون مذكرة في 81% من الحالات[38].

- الطلاء/ *der Anstrich*
- التسوية/التعويض *der Ausgleich*
- الميدان/المجال *der Bereich*
- السدّ *der Deich*
- الجناح *der Fittich* (نفس فئة *der Flügel*)
- البركة *der Teich*
- المقلب/الحيلة *der Streich*
- السجادة *der Teppich*
- الخطّ *der Strich*

[38] هذه النسب المئوية مستمدة من الجدول 2.7 في: " بعض القواعد الصوتية لتخصيص الجنس باللغة الألمانية "، في ميلز ، أ. 1986. اكتساب الجنس الاجتماعي: دراسة اللغة الإنجليزية والألمانية. سبرينغر فيرلاج ، ص 33.

- المقارنة *der Vergleich*
- المتعصّب *der Wüterich*

الأسماء التي تنتهي بالنهاية ig-: العسل *der Honig*، القفص *der Käfig*، العجين *der Teig*، البفنج (جزء من المارك الألماني) *der Pfennig*.

الأسماء التي تنتهي بالنهاية iker-: 100% من الكلمات مذكرة

- نصير مذهب اللاأدرية *der Agnostiker*
- الجامعيّ *der Akademiker*
- مُدمن الكحول *der Alkoholiker*
- المُحلِّل *der Analytiker*
- مؤلف/كاتب الحِكَم (موجزة) *der Aphoristiker*
- المؤمن باقتراب نهاية العالم *der Apokalyptiker*
- المتخصص في علم الحساب *der Arithmetiker*
- مريض الربو *der Asthmatiker*
- العالم في الفيزياء الفلكية *der Astrophysiker*
- ميكانيكي السيارات *der Automechaniker*
- مهندس البناء *der Bautechniker*
- العالم في الكيمياء الحيوية *der Biochemiker*
- عالِم النبات *der Botaniker*
- عالِم الكيمياء *der Chemiker*
- مهندس المعلوماتية *der Computertechniker*
- مريض السكري *der Diabetiker*
- العقائدي *der Dogmatiker*
- المؤلف المسرحي *der Dramatiker*
- الأنانيّ *der Egozentriker*
- العامل الكهرباء *der Elektriker*

- مهندس الكترونيات *der Elektroniker*
- المهندس الكهربائي *der Elektrotechniker*
- المؤلف الملحميّ *der Epiker*
- المصاب بالصرع *der Epileptiker*
- تابع الروحيات والعلوم الخفية *der Esoteriker*
- العالم في علم الأخلاق *der Ethiker*
- غريب الأطوار *der Exzentriker*
- المتعصّب *der Fanatiker*
- عالم الوراثة *der Genetiker*
- مصمم الجرافيك *der Grafiker*، *der Graphiker*
- الزنديق/المهرطق *der Häretiker*
- الحكيم/ المُعالج التقليدي *der Heilpraktiker*
- المُؤرِّخ/عالم التاريخ *der Historiker*
- المصاب بالهِسْتيريا *der Hysteriker*
- عالم الحاسوب *der Informatiker*
- الساخر/المتهكم *der Ironiker*
- الفنان الخزفي *der Keramiker*
- عالم الفيزياء النووية *der Kernphysiker*
- (المؤلّف) الكلاسيكي *der Klassiker*
- القسيس الكاثوليكي *der Kleriker*
- الممثل الكوميدي/المهرج *der Komiker*
- فنّي التجميل *der Kosmetiker*
- الناقد *der Kritiker*
- العالم في السيبرنطيقا *der Kybernetiker*
- العالم في المنطق *der Logiker*
- الشاعر *der Lyriker*
- المُسوِّق *der Marketingpraktiker*
- العالم في الرياضيات *der Mathematiker*

- المیکانیکي *der Mechaniker*
- المُقلد/الممثل الصامت *der Mimiker*
- العازف/الموسيقار *der Musiker*
- المتصوف *der Mystiker*
- المضطرب نفسياً *der Neurotiker*
- أخصائي البصريات *der Optiker*
- الأوركسترا الفلهارمونية *der Philharmoniker*
- عالم الفيزياء *der Physiker*
- المجادل/المُناظر *der Polemiker*
- السياسي *der Politiker*
- البراغماتي/الفعلاني *der Pragmatiker*
- الممارس *der Praktiker*
- المتنبّئ/خبير الأرصاد *der Prognostiker*
- المحلل النفسي *der Psychoanalytiker*
- المذهون *der Psychotiker*
- المتخصص في البلاغة *der Rhetoriker*
- الرومانسي *der Romantiker*
- الشخص الدموي *der Sanguiniker*
- الكاتب الساخر *der Satiriker*
- المتشكك *der Skeptiker*
- المهندس الإنشائي (المتخصص في مجال حسابات الاستاتيكا المتعلقة بأعمال البناء) *der Statiker*
- الخبير الإحصائي *der Statistiker*
- الرِواقي *der Stoiker*
- البارع في التكتيك *der Taktiker*
- الفني *der Techniker*
- النظريّ *der Theoretiker*
- الناشر لنظريات المؤامرة *der Verschwörungstheoretiker*

- صانع الأسنان الصناعية/فنّي أسنان *der Zahntechniker*
- المستهزئ/الساخر *der Zyniker*

الأسماء التي تنتهي بالنهاية ismus-: 100% من الكلمات مذكرة

- الاستبداد *der Absolutismus*
- آلية التصويت *der Abstimmungsmechanismus*
- النشاط/الفعالية *der Aktionismus*
- النشاطية *der Aktivismus*
- إدمان الكحول *der Alkoholismus*
- رياضة تسلق الجبال *der Alpinismus*
- الإيثار/محبة الغير *der Altruismus*
- المفارقة التاريخية *der Anachronismus*
- الأُمّية *der Analphabetismus*
- الفوضوية *der Anarchismus*
- الدخيل الإنكليزي *der Anglizismus*
- التناقض *der Antagonismus*
- معاداة الفاشية *der Antifaschismus*
- الغير تقليدية *der Antikonformismus*
- معاداة السامية *der Antisemitismus*
- القول المأثور *der Aphorismus*
- العروبة *der Arabismus*
- استخدام المهجورات *der Archaismus*
- التطور الرجعي *der Atavismus*
- الإلحاد *der Atheismus*
- التوحّد *der Autismus*
- السلوك التلقائي *der Automatismus*
- السلوكية *der Behaviorismus*

- *der Bilingualismus* الثنائية اللغوية
- *der Bioterrorismus* الارهاب البيولوجي
- *der Buddhismus* البوذية
- *der Calvinismus* الكالفينية
- *der Chauvinismus* التعصب الوطني
- *der Dadaismus* الدادائية
- *der Darwinismus* الداروينية/نظرية التطور
- *der Defätismus* الانهزامية
- *der Deismus* الربوبية
- *der Despotismus* الاستبداد
- *der Determinismus* الحتمية
- *der Dogmatismus* الدوغمائية
- *der Druckmechanismus* آلية الطباعة
- *der Egalitarismus* المساواتية
- *der Egoismus* الأنانية
- *der Egozentrismus* مركزية الذات
- *der Elektromagnetismus* الكهرومغناطيسية
- *der Eskapismus* الهروب من الواقع
- *der Euphemismus* تلطيف التعبير
- *der Evolutionismus* النشوئية
- *der Exhibitionismus* الاستعرائية
- *der Existentialismus* الوجودية
- *der Exorzismus* التعويذ
- *der Expressionismus* التعبيرية
- *der Extremismus* التطرف
- *der Fanatismus* التعصب
- *der Faschismus* الفاشية
- *der Fatalismus* القدرية

- النسوية *der Feminismus*
- التقديس الأعمى/الهوس الجنسي *der Fetischismus*
- الإقطاعية *der Feudalismus*
- الرأسمالية المالية *der Finanzkapitalismus*
- الفدرالية *der Föderalismus*
- الأصولية *der Fundamentalismus*
- الوظائفية *der Funktionalismus*
- المستقبلية *der Futurismus*
- المصطلحات الألمانية *der Germanismus*
- العملقة *der Gigantismus*
- مذهب اللذة *der Hedonismus*
- العصر الهلنستي *der Hellenismus*
- الهندوسية *der Hinduismus*
- الإنسانية *der Humanismus*
- المثالية *der Idealismus*
- الإمبريالية *der Imperialismus*
- الانطباعية *der Impressionismus*
- الفردية *der Individualismus*
- الفكرية *der Intellektualismus*
- الأممية *der Internationalismus*
- اللاعقلانية *der Irrationalismus*
- الإسلامية *der Islamismus*
- الانعزالية *der Isolationismus*
- الصحافة *der Journalismus*
- اليهودية *der Judaismus*
- الكانيبالية/أكل لحوم البشر *der Kannibalismus*
- الرأسمالية *der Kapitalismus*
- تعاليم الكنيسة *der Katechismus*

- der *Katholizismus* الكاثوليكية
- der *Klassizismus* الكلاسيكية
- der *Kollektivismus* الجماعية
- der *Kolonialismus* الاستعمارية
- der *Kommunismus* الشيوعية
- der *Konformismus* الموالاة
- der *Konfuzianismus* الكونفوشية
- der *Konservatismus* مذهب المحافظة
- der *Konsultationsmechanismus* آلية التشاور
- der *Kreationismus* الخلقية
- der *Kubismus* التكعيبية
- der *Kulturimperialismus* الاستعمارية الثقافية
- der *Laizismus* العلمانية
- der *Leninismus* اللينينية
- der *Liberalismus* الليبرالية
- der *Linksextremismus* اليسار المتطرف
- der *Lobbyismus* اللوبي
- der *Magnetismus* المغناطيسية
- der *Maoismus* الماوية
- der *Marxismus* الماركسية
- der *Masochismus* الماسوشية/المازوخية
- der *Massentourismus* السياحة الشعبية
- der *Materialismus* المادية
- der *Mechanismus* الآلية
- der *Metabolismus* الأيض الغذائي
- der *Mikroorganismus* الميكروب
- der *Militarismus* الديكتاتورية العسكرية
- der *Minimalismus* التبسيطية

- العصرية *der Modernismus*
- الديانات التوحيدية *der Monotheismus*
- الأخلاقية *der Moralismus*
- تعددية الثقافات *der Multikulturalismus*
- القومية *der Nationalismus*
- الاشتراكية الوطنية *der Nationalsozialismus*
- الطبيعانية *der Naturalismus*
- النازية *der Nazismus*
- النيوليبرالية *der Neoliberalismus*
- اللفظ المستحدث *der Neologismus*
- الماركسية الحديثة *der Neomarxismus*
- المحسوبية *der Nepotismus*
- الكلاسيكية الحديثة *der Neuklassizismus*
- العدمية *der Nihilismus*
- عدم الامتثال *der Nonkonformismus*
- مذهب التعري *der Nudismus*
- السياحة البيئية *der Ökotourismus*
- الانتهازية *der Opportunismus*
- التفاؤل *der Optimismus*
- الكائن الحي *der Organismus*
- الوثنية *der Paganismus*
- التوازِ *der Parallelismus*
- البرلمانية *der Parlamentarismus*
- الأبوية *der Paternalismus*
- الوطنية *der Patriotismus*
- السلمية *der Pazifismus*
- الكمالية *der Perfektionismus*
- التشاؤم *der Pessimismus*

- الأفلاطونية *der Platonismus*
- التعددية *der Pluralismus*
- الشعبوية *der Populismus*
- البراغماتية *der Pragmatismus*
- الاحترافية *der Professionalismus*
- الحِمائية *der Protektionismus*
- البروتستانتية *der Protestantismus*
- التطهيرية *der Puritanismus*
- الراديكالية *der Radikalismus*
- العنصرية/التمييز العرقي *der Rassismus*
- العقلانية *der Rationalismus*
- الواقعية *der Realismus*
- اليمين المتطرف *der Rechtsextremismus*
- اليمين الراديكالي *der Rechtsradikalismus*
- الجمهورياتية *der Republikanismus*
- الثأرية *der Revanchismus*
- التعديلية/التحريف *der Revisionismus*
- السادية الجنسية *der Sadismus*
- آلية الحماية *der Schutzmechanismus*
- الانفصالية *der Separatismus*
- التمييز الجنسي *der Sexismus*
- آلية السلامة *der Sicherungsmechanismus*
- الشكوكية *der Skeptizismus*
- الخيلاء/الاستعلاء *der Snobismus*
- الاشتراكية *der Sozialismus*
- الذاتانية *der Subjektivismus*
- السريالية *der Surrealismus*
- القياس المنطقي *der Syllogismus*

- النقابية *der Syndikalismus*
- الإرهاب *der Terrorismus*
- التاتشرية *der Thatcherismus*
- السياحة *der Tourismus*
- القَبلية *der Tribalismus*
- النَّفْعِيَّة *der Utilitarismus*
- الطُوبَاوية *der Utopismus*
- التخريب/الهمجية *der Vandalismus*
- الخُضْرِيّة *der Veganismus*
- النباتية *der Vegetarismus*
- شهوة التلصص *der Voyeurismus*
- الألفاظ النابية *der Vulgarismus*
- الصهيونية *der Zionismus*
- آلية الإشعال *der Zündungsmechanismus*
- السخرية/التهكم *der Zynismus*

الأسماء التي تبدأ ب -Kn:

- الصبي/الولد *der Knabe*
- البخيل *der Knacker*
- الفرقعة *der Knall*
- السِدادة *der Knebel*
- الحيلة/الخدعة *der Kniff*
- الزرّ *der Knopf*
- الهراوة/النبوت *der Knüppel*
- الثوم *der Knoblauch*
- العظم *der Knochen*

كلما ازداد عدد الأحرف الساكنة في بداية الإسم أو نهايته، زاد احتمال أن يكون الإسم مذكراً[39]. استثناء : الركبة *das Knie*، لأن أعضاء الجسم محايدة.

الأسماء التي تنتهي ب ling- (ولكن ليس بالضرورة بالنهاية ing-)[40]، تميل إلى أن تكون مذكرة:

- السليل/النسل *der Abkömmling*
- الوافد/القادم *der Ankömmling*
- الشاعر السيّء *der Dichterling*
- ثلاثة توائم *der Drilling*
- الدخيل/المتطفل *der Eindringling*
- ساكن الأرض *der Erdling*
- اللاجيء *der Flüchtling*
- الربيع *der Frühling*
- المُتدرّب *der Lehrling*
- العزيز *der Liebling*
- الرضيع *der Säugling*
- الفراشة *der Schmetterling*
- المحمي *der Schützling*
- الضعيف/الطرطور *der Schwächling*
- التوأم *der Zwilling*

الأسماء التي تنتهي ب mpf-:

- البخار *der Dampf*
- الجذع *der Stumpf*

---

39 كوبك ، كلاوس مايكل. 1982. دراسات عن نظام اللغة الألمانية المعاصرة. ماكس نيماير فيرلاج.

40 راجع الإدخال الخاص بالنهاية ing- في فصل الأسماء المحايدة.

- المستنقع *der Sumpf*
- الجورب *der Strumpf*
- المعركة *der Kampf*
- التشنج *der Krampf*
- الهيكل *der Rumpf*
- الورقة الرابحة *der Trumpf*

الأسماء التي تنتهي ب ner-:

الخبير *der Kenner*، الملف *der Ordner*.
استثناءات: الراية *das Banner* (الأسماء المستعارة من اللغات الأخرى تكون محايدة)، نقانق فيينا *die Wiener* (في حال استخدام هذه الكلمة للإشارة إلى *die Wiener Wurst*).

الأسماء التي تنتهي ب og-:

- المدوّنة *der Blog* (أيضًا *das Blog*)
- الحوار *der Dialog*
- النجاح *der Erfolg*
- الدوق *der Herzog*
- الكتالوج *der Katalog*
- المونولوج/الحديث الانفرادي *der Monolog*
- الضبخان *der Smog*
- الشفط/الامتصاص *der Sog*
- الحوض *der Trog*

الأسماء التي تنتهي ب on-: الماراثون *der Marathon*، العرش *der Thron*.

الأسماء التي تنتهي ب pf-: الأسماء التي تنتهي بالنهاية pf- غالبا ما تكون مذكرة: الرأس *der Kopf*، الضفير *der Zopf*، الإناء *der Napf*، الزر *der Knopf*، تضخم الغدة الدرقية *der Kropf*، السدادة *der Pfropf*، خصلة الشعر *der Schopf*، القِدر *der Topf*، نوع من الكعك *der Gugelhupf*، المخبأ *der Unterschlupf*.

الأسماء التي تبدأ ب Schwa-: الشوابي (من منطقة شوابيا) *der Schwabe*، البلاهة/الحُمق *der Schwachsinn*، الهيجان *der Schwall*، الإسفنج *der Schwamm*، الإوزة *der Schwan*، المسرحية الهزلية *der Schwank*، الذيل/الذَنَب *der Schwanz* (استثناءات: طائر السنونو *die Schwalbe* - تنتهي الكلمة بالنهاية e- وهي من علامات المؤنث).

الأسماء التي تنتهي ب tel-: راجع إلى الإدخال أعلاه الخاص بالنهاية el-.

الأسماء التي تنتهي ب u-: الكلمات التي تنتهي بالنهاية u- غير المشددة:

- البطارية *der Akku* (اختصار *der Akkumulator*).
- البناء *der Bau*
- السرقة *der Klau*
- التوفو *der Tofu*
- البومة *der Uhu* (تميل اسماء الطيور الأكبر حجما إلى أن تكون مذكرة)
- الغورو *der Guru*
- الازدحام *der Stau*
- إطار العجلة *der Pneu* (نفس فئة الإطار المطاطي *der Reifen*).

الأسماء التي تنتهي بالنهاية u- المشددة لا تكون في الغالب مذكرة (والأمثلة التالية كلها أسماء مستعارة و بالتالي فهي محايدة):

- الوداع *das Adieu*
- المحرّم *das Tabu*

- التيراميسو *das Tiramisu*
- الهضبة *das Plateau*

الأسماء التي تنتهي ب uch-: الأسماء المنتهية بالنهاية uch- تكون مذكرة أو محايدة:

- الهدم *der Abbruch*
- الزيارة *der Besuch*
- الكسر *der Bruch*
- الاقتحام/السطو *der Einbruch*
- الاعتراض *der Einspruch*
- الخصيّ *der Eunuch*
- اللعنة *der Fluch*
- الرائحة *der Geruch/der Ruch*
- القول المأثور *der Spruch*
- الثورة *der Umbruch*
- الانقطاع *der Unterbruch*
- التجربة *der Versuch*
- المواساة/التشجيع *der Zuspruch*

أمثلة محايدة :

- الكتاب *das Buch*
- القماش *das Tuch*
- الطلب/العريضة *das Gesuch* (تميل الوثائق إلى أن تكون محايدة: الكتابة/التدوين *das Schreiben*، الكلمة/العهد *das Wort*، الورق *das Papier*، الصحيفة *das Blatt*، الوثيقة *das Dokument*)

الأسماء التي تنتهي ب ug-: الطيران *der Flug*، الإقلاع *der Abflug*، النزهة *der Ausflug*، القطار *der Zug*، البدلة *der Anzug*، الدخول *der Einzug*، الانتقال *der Umzug*، اللغو/العبَث *der Unfug*.

الأسماء التي تنتهي ب und-: الاتحاد *der Bund*، الأساس/السبب *der Grund*، الحثالة *der Schund*، الكلب *der Hund*، الاكتشاف *der Fund*، الفقدان/النقص *der Schwund*، الحلق *der Schlund*، فم *der Mund*، (استثناء: الرطل/الجنيه *das Pfund*).

الأسماء التي تنتهي ب us-:

- المِعداد *der Abakus*
- الإيرباص *der Airbus*
- المكافأة *der Bonus*
- الحافلة *der Bus*
- الحرم الجامعي *der Campus*
- القرص *der Diskus*
- الهجرة/النزوح الجماعي *der Exodus*
- خزانة الدولة/مصلحة الضرائب *der Fiskus*
- بؤرة العدسة *der Fokus*
- صبّار *der Kaktus*
- التفاح *der Malus*
- الطريقة/الكيفية *der Modus*
- الرابط *der Nexus*
- نصف القطر *der Radius*
- الوضع *der Status*
- التيتانوس *der Tetanus*
- التيفوس *der Typhus*

- النوع/الطراز *der Typus*
- السيرك *der Zirkus*
- الدورة *der Zyklus*

استثناءات محايدة:

- الجنس/الأجناس *das Genus*
- المنزل/البيت *das Haus*
- الناقص *das Minus*
- الزيادة *das Plus*
- العمل الموسيقي *das Opus*
- الفيروس *das Virus* (في اللغة التقنية والعلمية تُستخدم *das Virus*، بينما في اللغة العامية تُستخدم أحياناً *der*).

استثناءات مؤنثة:

- الفأر *die Maus* (غالبا ما تكون أسماء الحيوانات الصغيرة مؤنثة)
- كوكب الزهرة/آلهة الحب لدى الرومان *die Venus*

ترتبط الأصوات أيضًا بطول الأسماء، حيث أظهرت الدراسات أن الأسماء القصيرة والمكونة من مقطع واحد تميل إلى أن تكون مذكرة في الغالب، ثم محايدة وثم مؤنثة.[41]

الأسماء التي تتكون من مقطع واحد غالباً ما تكون مذكرة (لاحظ عدد الحروف الساكنة التي تتكون منها هذه الأسماء في بدايتها ونهايتها) :

---

[41] على سبيل المثال؛ كوبك، كلاوس مايكل. 1982. التحقيقات في نظام اللغة الألمانية المعاصرة. يناير 2009. Genus، ص. 136، الذي يشير إلى مزيد من المراجع حول هذا الموضوع.

- *der Arm* الذراع
- *der Darm* الأمعاء
- *der Gott* الربّ/الإله
- *der Spott* السخرية/التهكّم
- *der Schrott* الخردة
- *der Fuss* القدم
- *der Fluss* النهر
- *der Guss* السبْك
- *der Kuss* القبلة
- *der Schluss* الخاتمة/النهاية
- *der Schuss* الطلقة/العيار ناري
- *der Schein* الضوء/البصيص
- *der Stein* الحجر
- *der Wein* النبيذ
- *der Brei* الهريس
- *der Schrei* الصيحة
- *der Klatsch* القيل والقال
- *der Tratsch* الرغو
- *der Druck* الثِقَل/العِبء
- *der Schluck* الجرعة/الرشفة
- *der Schmuck* الحُليّ
- *der Schwanz* الذيل
- *der Kranz* الإكليل
- *der Zins* الفائدة
- *der Mix* الخليط
- *der Tee* الشاي
- *der Chip* الشريحة
- *der Clip* المقطع المصور

- الرحلة *der Trip*

الأسماء التي تتكون من مقطع واحد وتُفتتح بالبادئة -Kn تكون مذكرة في الغالب (وخاصة إذا كانت تنتهي بحرف ساكن):

- السجن *der Knast*
- الزرّ *der Knopf*
- الفرقعة *der Knack*
- الفرقعة *der Knall*
- المقبض *der Knauf*
- الخادم *der Knecht*
- الكسرة *der Knick*
- الحيلة/الخدعة *der Kniff*

(استثناء: الركبة *das Knie*)

الأسماء التي تتكون من مقطع واحد وتنتهي بالنهاية t- غالبا ما تكون مذكرة:

- الدولة *der Staat*، والذي يكون في نهاية العديد من الأسماء المركبة كما يلي:

- الدولة الزراعية *der Agrarstaat*
- الدولة الاتحادية *der Bundesstaat*
- اقتصاد الخدمات *der Dienstleistungsstaat*
- الدولة المركزية *der Einheitsstaat*
- الدولة الإقطاعية *der Feudalstaat*
- الدولة الخليجية *der Golfstaat*
- الدولة الصناعية *der Industriestaat*
- الدولة الجزرية *der Inselstaat*

- الدولة البابوية *der Kirchenstaat*
- الدولة الصغيرة *der Kleinstaat*
- الدولة الساحلية *der Küstenstaat*
- الدولة العضو *der Mitgliedsstaat*
- الدولة المجاورة *der Nachbarstaat*
- الدولة القومية *der Nationalstaat*
- الدولة الغنية بالنفط *der Ölstaat*
- الولاية الشرقية *der Oststaat*
- الدولة البوليسية *der Polizeistaat*
- دولة القانون *der Rechtsstaat*
- الدولة التابعة *der Satellitenstaat*
- الدولة المارقة *der Schurkenstaat*
- الدولة الاجتماعية *der Sozialstaat*
- الدولة المدينة *der Stadtstaat*
- الدولة التابعة *der Vasallenstaat*
- دولة الرفاهية *der Wohlfahrtsstaat*

- السوق *der Markt* والذي يكون في نهاية العديد من الأسماء المُركبة، مثل:

- سوق الأسهم المالية *der Aktienmarkt*
- سوق المنتجات الزراعية *der Agrarmarkt*
- السوق المحلية *der Binnenmarkt*
- السوق الائتماني *der Kreditmarkt*
- سوق صرف العملات der *Devisenmarkt*

- العصير *der Saft*

والذي يكون في نهاية كل انواع العصائر: عصير التفاح *der Apfelsaft*، عصير الفاكهة *der Fruchtsaft*، شراب السعال *der Hustensaft*، عصير البرتقال *der Orangensaft*، عصير الطماطم *der Tomatensaft*، عصير العنب *der Traubensaft*، عصير الليمون *der Zitronensaft*.

- القيمة *der Wert*

والذي يكون في نهاية العديد من الأسماء المركبة وخاصة الأسماء المستخدمة في اللغة التقنية، في الأسماء المتعلقة بقياس الأشياء:

- القيمة الابتدائية *der Anfangswert*
- القيمة الاستثمارية *der Anlagewert*
- قيمة التسوية *der Anpassungswert*
- قيمة البناء *der Bauwert*
- قيمة الأرض *der Bodenwert*
- القيمة الإجمالية *der Bruttowert*
- قيمة الحجز *der Buchungswert*
- القيمة الدفترية *der Buchwert*
- القيمة الافتراضية *der Defaultwert*
- قيمة الحافظة *der Depotwert*
- القيمة العشرية *der Dezimalwert*
- المتوسط الحسابي *der Durchschnittswert*
- قيمة الإصدار *der Emissionswert*
- القيمة النهائية *der Endwert*
- القيمة التجريبية *der Erfahrungswert*
- قيمة الدخل *der Ertragswert*
- القيمة القصوى *der Extremwert*
- القيمة مُقابِلة *der Gegenwert*

- القيمة النقدية *der Geldwert*
- القيمة الإجمالية *der Gesamtwert*
- قيمة الحد *der Grenzwert*
- القيمة الأساسية *der Grundwert*
- القيمة الجارية *der Handelswert*
- القيمة القصوى *der Höchstwert*
- قيمة المؤشر *der Indexwert*
- قيمة السعرات الحرارية *der Kalorienwert*
- صافي القيمة الحالية *der Kapitalwert*
- القيمة الشرائية *der Kaufwert*
- القيمة المميزة *der Kennwert*
- القيمة الجارية *der Kurswert*
- القيمة السوقية *der Marktwert*
- القيمة الأقصى *der Maximalwert*
- القيمة المُضافة *der Mehrwert*
- القيمة الإيجارية *der Mietwert*
- القيمة الأدنى *der Mindestwert*
- المعدل *der Mittelwert*
- صافي القيمة *der Nettowert*
- القيمة الإسمية *der Nominalwert*
- القيمة الحقيقية *der Realwert*
- القيمة المتبقية *der Restwert*
- قيمة الندرة *der Seltenheitswert*
- القيمة المطلوبة *der Sollwert*
- القيمة القياسية *der Standardwert*
- قيمة المسموحة *der Toleranzwert*
- قيمة التحويل *der Umrechnungswert*
- قيمة إعادة البيع *der Wiederverkaufswert*

- الاختبار *der Test* الذي يكون في نهاية العديد من الأسماء المركبة، مثل: الاختبار الرجعي *der Backtest*، اختبار الانبعاثات *der Abgastest*، اختبار المنشطات *der Dopingtest*.

- السلك *der Draht* (ويكون في نهاية العديد من الأسماء المركبة، مثل؛ السلك الشائك *der Stacheldraht*)

- اللحية *der Bart*، الانطلاق *der Start*، الحارس *der Wart* (الشخص المسؤول عن شيء، ومنه البواب *der Abwart*) ولكن، الحاضر *die Gegenwart*، لأنه مرادف *die Präsenz*، *die Jetztzeit*)

- القبّعة *der Hut*

- غالبا ما تكون الأسماء ذات المقطع الواحد والنهاية d- مذكرة: الحريق *der Brand*، الاتحاد *der Bund*، العدوّ *der Feind*، الوادي الخلالي *der Fjord*، الاكتشاف *der Fund*، البطل *der Held*، الموقد *der Herd*، الخلفية *der Fond*، الدرجة/الرتبة *der Grad*، الكلب *der Hund*، القمر *der Mond*، الفم *der Mund*،الغيرة *der Neid*، الدرب *der Pfad*، الحافة *der Rand*، الرمل *der Sand*، الوقفة *der Stand*، أجر الجندي *der Sold*، الموت *der Tod*، الاتجاه *der Trend*، الريح *der Wind*.

ويمكن عادة شرح الاستثناءات (مؤنث ومحايد) بالقاعدة 1 (الفئات).

- أسماء محايدة مكونة من مقطع واحد وتنتهي بالنهاية d-: الحمام *das Bad*، الصورة *das Bild*، العضو *das Glied*، الفستان *das Kleid*، الذهب *das Gold* (تميل المعادن إلى المحايد)، القميص *das Hemd*، اليود *das Jod* (تميل المواد الكيميائية إلى المحايد)، الطفل *das Kind*، الأرض *das Land*، الألم *das Leid*، الأغنية *das Lied*، العجلة *das Rad*، الحصان

das Pferd، البقر *das Rind*، الرطل *das Pfund* (تميل وحدات الوزن إلى المحايد)، الحقل/الميدان *das Feld*، حيوانات الصيد *das Wild*.

- أسماء محايدة أخرى مكونة من مقطع واحد: الساق *das Bein*، الدم *das Blut*، الكتاب *das Buch*، الطوف *das Floss*، الأملاك *das Gut*، (مثلما في التراث الثقافي *das Kulturgut*) الشعرة/الشعر *das Haar*، المنزل *das Heim*، القلب *das Herz*، الإجابة بنعم *das Ja*، الإجابة بلا *das Nein*، التردّد بين نعم ولا *das Jein*، الذقن *das Kinn*، الركبة *das Knie*، الأُذن *das Ohr*، الحصان *das Ross*، القصر *das Schloss*، الوجود *das Sein*، القماش *das Tuch*، الخيمة *das Zelt*.

- الأسماء المؤنثة المكونة من مقطع واحد والنهاية d-: اليد *die Hand*، الصيد *die Jagd* (تم تفسير أصل الصيد المؤنث في المقدمة)، الخادمة *die Magd*، الجدار *die Wand* (تميل الأشكال المسطحة إلى المؤنث).

الاستثناءات: اسماء تتكون من مقطع واحد وهي مؤنثة: العلاج *die Kur*، الساعة (زمنية) *die Uhr*، الجوز *die Nuss*.

- الأسماء بدون لاحقة ومشتقة من أفعال تميل إلى أن تكون مذكرة:

  - *fallen* ← السقطة *der Fall*
  - *fangen* ← الصيد *der Fang*
  - *fluchen* ← اللعنة *der Fluch*
  - *gehen* ← العصابة *der Gang*
  - *hängen* ← المنحدر *der Hang*
  - *klingen* ← الرنين *der Klang*
  - *küssen* ← القبلة *der Kuss*
  - *sprechen* ← القول *der Spruch*

○ zwingen ← الإكراه der Zwan

وفي بعض الأحيان تكون محايدة:

○ spielen ← اللعبة das Spiel

○ zelten ← الخيمة das Zelt

ونادرا ما تكون مؤنثة:

○ fliehen ← الهرب die Flucht

○ wählen ← الاختيار die Wahl

الأسماء التي تنتهي بالنهاية x-:

مذكرة: الفهرس/المؤشر *der Index*، مؤشر سوق الأوراق النقدية *der Aktienindex*، مؤشر الداكس *der DAX (Deutscher Aktienindex)*، نبيذ البوردو *der Bordeaux*، المجمع السكني *der Komplex*، المدونة القانونية *der Kodex*، رد الفعل التلقائي/المنعكس *der Reflex*، الجنس *der Sex*.

مؤنثة: العلبة *die Box* (كلمة مستعارة من اللغة الإنجليزية، فينبغي أن تكون محايدة، لكنها مؤنثة لأنها من نفس فئة *die Büchse*) صندوق البريد *die Mailbox*، المشكلة *die Crux*، المصفوفة *die Matrix*.

محايدة: المفارقة *das Paradox* (وهي كلمة مستعارة من اللغة اليونانية، لذا فهي محايدة)، البادئة *das Präfix*، اللاحقة *das Suffix* (تميل العبارات النحوية الى المحايد).

DIE : قواعد الأسماء مؤنثة

القاعدة 1 : الفئات

الأرقام والرياضيات: الرقم *die Nummer*، الرقم (رموز الأعداد) *die Ziffer*، العدد (القيمة، الحساب) *die Zahl*، الصفر *die Null*، الواحد *die Eins*، الثلاثة *die Drei*، علم الجبر *die Algebra*، الرياضيات *die Mathematik*، علم الهندسة الرياضية *die Geometrie*، الحساب/الفاتورة *die Rechnung*، الضريبة *die Steuer*.

الوقت وخاصة الفترات الزمنية القصيرة: الوقت *die Zeit*، الساعة (الوقت) *die Uhr*، الساعة (الفترة الزمنية) *die Stunde*، الدقيقة *die Minute*، الثانية *die Sekunde*. تميل أطول الفترات الزمنية الى المحايد: السنة *das Jahr*، العقد *das Jahrzehnt*، القرن *das Jahrhundert*، الألفية *das Jahrtausend*. أما الفترات المتوسطة فتكون مذكرة: اليوم *der Tag*، الشهر *der Monat*. تتمثل الاستثناءات في الكلمات التي تنتهي بالنهاية e- والتي هي من علامات المؤنث: الأسبوع *die Woche*، العقد *die Dekade*، العصر *die Epoche*.

الهيئات، السلطة والحكم: القوة/القدرة *die Kraft*، السلطة *die Macht*، الإنجاز *die Leistung*، الطاقة *die Energie*، القوة *die Stärke*، الثبات *die Festigkeit*، التحمل *die Belastbarkeit*، العنف *die Gewalt*، الصلاحية *die Befugnis*، الشدّة *die Wucht*، الكفاءة *die Potenz*، النفوذ *die Mächtigkeit*، الهيمنة *die Herrschaft*، التوكيل *die Vollmacht*، السلطة *die Behörde*، السلطة *die Autorität*، الحكومة *die Regierung*، التحكم *die Kontrolle*، القيادة *die Steuerung*، الضرائب *die Steuer*، الدفع *die Zahlung*.

القواعد والإذن والحدود: التنظيم *die Regelung*، العدالة/القضاء *die Justiz*، الإذن/التصريح *die Erlaubnis*، المهلة *die Frist*، الحدّ *die Limitierung*، الحدود *die Grenze*، التحديد *die Begrenzung*، الحصْر/القيد *die Beschränkung*.

المعرفة والحكمة: الحكمة اسم مؤنث في اللغتين اليونانية واللاتينية، وعوملت كاسم مؤنث في اللغة الانجليزية في الكتاب المقدس: "ومع ذلك فالحكمة تبررها أفعالها" (متى 11:19). لذلك ربما ليس من المستغرب أن تكون المعرفة والحكمة مؤنثة أيضًا في اللغة الألمانية: النوع *die Art*، التدبر *die Besonnenheit*، التعليم *die Bildung*، الإدراك *die Einsicht*، العدالة *die Gerechtigkeit*، الذكاء *die Intelligenz*، العدالة/القضاء *die Justiz*، المعرفة *die Kenntnis*، الفطنة *die Klugheit*، المهارة *die Kunst*، المنهج/الطريقة *die Methode*، المنهجية *die Methodik*، الفلسفة *die Philosophie*، الفهم منطقي *die Ratio*، العناية/الدِقّة *die Sorgfalt*، التقنية *die Technik*، التكنولوجيا *die Technologie*، الحيطة *die Umsicht*، التوقّع *die Vorausschau*، التبصر *die Voraussicht*، الحذر *die Vorsicht*، العقلانية *die Vernunft*، الطريقة *die Weise*، الحكمة *die Weisheit*، بُعد النظر *die Weitsicht*.

الاتصالات: الاتصالات *die Kommunikation*، الكلام *die Rede*، المسألة *die Frage*، الإجابة *die Antwort*[42]، النسخة *die Replik*، اللغة *die Sprache*، النثر *die Prosa*، القصيدة *die Dichtung*، الشكل لغوي *die Sprachform*، الأدب *die Literatur*، التخيل *die Vorstellung*، العرض/التقديم *die Präsentation*، المجاز/الاستعارة *die Metapher*، النقل *die Übertragung*، الإعادة *die Wiedergabe*، الرد *die Erwiderung*، الإجابة *die Entgegnung*، المحادثة *die Besprechung*، النقد *die Kritik*، النقد *die Rezension*، الوصف *die Darstellung*، التقديم *die Moderation*، التقديم *die Vorführung*، الخرافة *die Fabel*، المجاملة *die*

---

[42] ليس نفس المعنى أو الجنس مثل كلمة: *das Wort*

Floskel. يمكن تفسير الاستثناءات بالقاعدة 2 (الأصوات). الأسماء التي تبدأ بالبادئة -Ge تكون محايدة، وبالتالي الحديث *das Gespräch*، الثرثرة *das Gerede*؛ الأسماء التي تنتهي باللاحقة og- غالبا ما تكون مذكرة، وبالتالي، الحوار *der Dialog*.

الآلات الموسيقية: الموسيقى *die Musik*، الأرغن ذو الأنابيب *die Orgel*، الناي *die Flöte*، القيثار *die Harfe*، الهارمونيكا *die Mundharmonika*، الكمان *die Geige*، الكمان *die Violine*، الأكورديون *die Konzertina*، القيثارة *die Gitarre*، الجرس/الناقوس *die Glocke*، المندولين *die Mandoline*، الأوبوا *die Oboe*، البوق *die Trompete* (اطلع على الاستثناءات في التعليقات أسفل الصفحة[43]).

الشكل والهيئة:[44] الشكل *die Form, die Gestalt*، التكوين *die Gestaltung*

- الأشكال المسطحة:
  - المساحة/المستوى *die Fläche*
  - المستوى/السهل *die Ebene*
  - المساحة الصورة *die Bildfläche*
  - جناح الطائرة *die Tragfläche*
  - الجدار *die Wand*
  - السور *die Mauer*

---

43 بعض الاستثناءات: البيانو *das Klavier*، لأن أسماء الأجسام الجامدة التي تنتهي بالنهاية *ier*- تميل إلى أن تكون محايدة، كما هو الحال في الجعة *das Bier*، الورق *das Papier*؛ وهذا يعني أيضا أن المرادف *das Piano* سوف يكون محايدا أيضاً. في حالة *Saxophon*، وهو اسم من الأسماء التي تنتهي بجذور إغريقية "*phon*" غالبا ما تكون هذه الأسماء محايدة.

44 تمت مناقشة هذه الفرضية في كوبك، كلاوس مايكل وزوبين، ديفيد أ.، "ستة مبادئ لإسناد الجنس النحوي في اللغة الألمانية": مساهمة في التصنيف الطبيعي في التقارير اللغوية (1984)، صفحات 26-50، سيبورغ، هاينز (محرر) 1997. اللغة – الجنس/ الجنس. بيتر لانغ، صفحات 97-98.

- السبورة *die Tafel*
- السقف *die Decke*
- الباب *die Tür*
- الجانب *die Seite*
- المنحدر *die Flanke*
- الخلفية *die Kulisse*
- اللوح *die Platte*
- سطح الطاولة *die Tischplatte*
- الطبق *die Schale*
- الدُرج *die Schublade*
- المخزن/المستودع *die Ablage*
- البوفيه *die Theke*
- الشريحة/القرص *die Scheibe*
- البلاط *die Fliese*
- اللوح الخشبي *die Bohle*
- بلاطة *die Bramme*

- الأشكال الحادة:

- القمة *die Spitze*
- الإبرة *die Nadel*
- الشوكة *die Gabel*
- المذراة *die Forke*
- الحقنة *die Spritze*
- البرغي *die Schraube*
- البروش *die Brosche*
- الرمح/الحربة *die Lanze*
- السنة/الشوكة *die Zinke*

- الحد القاطع/الشفرة *die Klinge, die Schneide*

- شكل يشبه الكماشة:

  - الكماشة *die Zange*
  - المقص *die Schere*
  - المخلب *die Klaue*
  - المخلب *die Kralle*
  - مخلب الحيوان *die Pratze*

- الأشكال المجوفة:

  - شِعب الجبل/الوادي *die Schlucht*
  - العلبة *die Schachtel*
  - الصندوق *die Kiste*
  - العلبة *die Box*
  - العلبة *die Dose*
  - العلبة/الحصالة *die Büchse*
  - الكهف/المغارة *die Höhle*
  - الكهف *die Grotte*
  - القارورة *die Flasche*
  - الطبلة *die Trommel*
  - الضرف *die Hülle*
  - السلطانية/الوعاء *die Schüssel*
  - الأنبوبة *die Tube*
  - الأنبوب *die Röhre*

معظم الأنهار في أوروبا الوسطى: نهر الآر *die Aare*، نهر الليمآت *die Limmat*، نهر الرويس *die Reuss*، نهر الرون *die Rhone*، نهر الدانوب *die Donau*، نهر الموزيل *die Mosel*، نهر الإلبه *die Elbe*، نهر الفيزر *die Weser*، نهر الأودر *die Oder* (باستثناء نهر الراين *der Rhein* ونهر الماين *der Main*) وأسماء الأنهار التي توجد خارج أوروبا وتنتهي بالنهاية a- أو بالنهاية e-.

الصيد: كل الأسماء المتعلقة بالصيد تكون مؤنثة لأن آلهة الصيد لدى الإغريق والرومان كانت مؤنثة، مثل آرتميس وديانا: الصيد *die Jagd*، البحث/ التنقيب *die Suche*، المطاردة *die Verfolgung*، الصيد بالكلاب *die Hetze*، الفرار *die Flucht*، البريّة *die Wildnis*.

الأكل والمواد الغذائية: الطعام *die Kost*، *die Speise*، *die Nahrung*؛ الغذاء المُنتج من إناث الثدييات، مثل الحليب *die Milch*، لبن الأم *die Muttermilch*.

الإيماءات: الحركة/الإشارة/اللفتة *die Geste*، الحركة/التصرفات *die Gebärde*، الحركة *die Bewegung*، السلوك/التصرفات *die Attitüde*، وضعية الجسم *die Körperhaltung*، الوقفة *die Haltung*، الوقفة *die Positur*، الوقفة *die Stellung*، الوقفة *die Pose*.

الملاحة البحرية والقوارب الحربية والشراعية: المنارة *die Bake*، الطافية *die Boje*، العوامة *die Tonne*، القوات البحرية *die Marine*، الأسطول التجاري *die Handelsmarine*، الأسطول الحربي *die Kriegsmarine*، الأسطول *die Flotte*، البحرية الأمريكية *die Navy*، اليخت *die Jacht/die Yacht*.

درجة الحرارة:

- الحرارة والأماكن الساخنة: الشمس *die Sonne*، الجمرة *die Glut*، الحرارة/الدفء *die Wärme*، الحرّ *die Hitze*، الصحراء *die Wüste*، الصحراء الكبرى *die Sahara*، الجحيم *die Hölle*، التدفئة *die Heizung*، المشتت الحراري *die Wärmesenke*.

- البرد والأماكن الباردة: البرد *die Kälte*، الصقيع *die Frostigkeit*، الزكام *die Erkältung*، القطب الشمالي *die Arktis*، القطب الجنوبي *die Antarktis*، البرودة *die Kühle*.

العلامات التجارية للدراجات النارية: *die BMW*، *die Yamaha* (يخص الدراجة النارية فقط ، لا ينطبق على السيارة).

أنواع الطائرات: *die Tupolew*، *die Challenger*، *die Boeing 747* ؛ ولكن *der Airbus*، لأنها تحتوي على "Bus" حافلة *der Bus*.

أسماء السفن (حتى إذا كان الإسم إسم ذكر): البارجة بسمارك *die Bismarck*، سفينة التيتانيك *die Titanic*، مع أن الفئة العامة محايدة (السفينة *das Schiff*، القارب *das Boot*).

أسماء الحيوانات ذات النهاية e- (السلحفاة *die Schildkröte*، الزرافة *die Giraffe*، ولكن ليس دائمًا) أو ذات النهاية in- (اللبُؤة *die Löwin*)، أو الحيوانات الأليفة التي تمدّ الإنسان بالألبان (البقرة *die Kuh*، المعزة *die Geiss/die Ziege*)، أو تمدّه بالبيض (الإوزّة *die Gans*، الدجاجة *die Henne*)، أو الحيوانات الأصغر في الحجم والتي لا تنتهي بالنهاية er- (مثل الفأر *die Maus*)، غالبا ما تكون مؤنثة.

أنواع عديدة من الطيور تكون مؤنثة (خاصة الصغيرة منها): الشحرور *die Amsel*، فصيلة عصافير السمنة *die Drossel*، البطّ *die Ente*، العقعق *die Elster*، البوم *die Eule*، الإوزة *die Gans*، الغراب *die Krähe*، النورس *die Möwe*، العندليب *die Nachtigall*، السنونو *die Schwalbe*، الحمام *die Taube*، طائر السمان *die Wachtel*. استثناءات مذكر: النسر *der Adler*، الصقر *der Falke*، الببغاء *der Papagei*.

العديد من الحشرات تكون مؤنثة (خاصة إذا كانت تنتهي بالنهاية e-): النملة *die Ameise*، النحلة *die Biene*، اليعسوبة *die Libelle*، عنقيات الخرطوم *die Zikade*؛ هناك أيضا مجموعة كبيرة من الحشرات لها نهايات تنسب للأسماء المذكرة، مثل: البرغوث *der Floh*، الخنفساء *der Käfer*.

كثير من الأشجار مؤنثة: شجرة البلوط *die Eiche*، شجر الزان *die Buche*، شجر البتولا *die Birke*، الصنوبر *die Kiefer*، شجر الحور *die Pappel*، شجر التنّوب *die Tanne*. بعض الاستثناءات: القيقب *der Ahorn*، السرخس/الخنشار *der Farn*، العرعر *der Wacholder*.

الزهور (خاصة إذا كانت تنتهي بالنهاية e- المؤنثة): الورد *die Rose*، الزنبق *die Tulpe*، القرنفل *die Nelke*، الميموزا *die Mimose*، الأقحوان *die Chrysantheme*، مع العديد من الاستثناءات، خاصة إذا كانت الأسماء تنتهي بالنهاية en- التي تستعمل للتصغير وهو ما ينسب الأسماء إلى المحايد: زهرة الثالوث *das Stiefmütterchen*، زهرة البنفسج *das Veilchen*.

الفواكه: الأناناس *die Ananas*، البرتقال *die Apfelsine*، المشمش *die Aprikose*، الموز *die Banane*، الكمّثرى *die Birne*، الفراولة *die Erdbeere*، التمر *die Dattel*، التين *die Feige*، الجوافة *die Guave*، الجريب فروت *die Grapefruit*، الكيوي *die Kiwi*، الكرز *die Kirsche*،

جوز الهند *die Kokosnuss*، الكمكوات/البرتقال الياباني *die Kumquat*، الليتشي *die Litschi*، اللوز *die Mandel*، المانجو *die Mango*، الشمام *die Melone*، الجوز *die Nuss*، البرتقال *die Orange*، البرقوق *die Pflaume*، السفرجل *die Quitte*، الليمون *die Zitrone* (استثناءات: التفاح *der Apfel*، الرمان *der Granatapfel*، الخوخ *der Pfirsich* - تتبع الأمثلة الثلاثة الأخيرة قاعدة الأصوات: معظم الأسماء المنتهية بالنهاية e- تكون مذكرة؛ والأسماء التي تنتهي وتبدأ بالكثير من الحروف الساكنة تميل إلى أن تكون مذكرة، مثل الخوخ *Pfirsich*).

معجون الأسنان وعلاماته التجارية: معجون الأسنان *die Zahnpasta*، كولجيت *die Colgate*.

أنواع الخطوط الطباعية: هلفتيكا *die Helvetica*.

البرمجيات: *die Software* (مرادف *die Programmausstattung*)، البرمجيات الخبيثة *die Malware*، رانسوم وير *die Ransomware* (مرادف *die Erpressersoftware*)، التطبيق *die Applikation* (ويمكن اختصارها إلى *die App*، أو إذا كنت تظن أن كلمة *App* تشير إلى برنامج *das Programm*، فيمكن استخدام اداة المحايد – وكلاهما مقبول لكلمة *App*).

الأسماء التي تشير إلى الأشخاص والوظائف المؤنثة تكون مؤنثة: الأم *die Mutter*، الإبنة *die Tochter*، المرأة *die Frau*، الأخت *die Schwester*، ولكن ليس دائما. الاستثناءات: البنت/الفتاة *das Mädchen*، (بسبب القاعدة 2: الأسماء المصغرة تكون محايدة). من أجل تغيير إسم إلى المؤنث بشكل واظح، تستخدم عادة النهاية in-: المعلمة *die Lehrerin*، الامبراطورة *die Kaiserin*، الملكة *die Königin*، الطبيبة *die Ärztin*.

القاعدة 2: الأصوات

في الألمانية، مثلما في اللاتينية والإغريقية، تكون الكلمات المنتهية بالنهاية a- و-e مؤنثة غالباً.

الأسماء التي تنتهي بالنهاية a-: الأسماء المنتهية بالنهاية a- تميل إلى أن تكون مؤنثة، خاصة إذا كانت تنتهي جذورها باليونانية واللاتينية بالنهاية a-، ولكن ذلك ليس الحال دائماً: العصر *die Ära*، جدول الأعمال *die Agenda*، علم الجبر *die Algebra*، الذبحة الصدرية *die Angina*، الشريان الأورطي *die Aorta*، الحَلَبة/الميدان *die Arena*، القاعة *die Aula*، المغنية لامعة *die Diva*، المجموعة الحيوانية *die Fauna*، المجموعة النباتية *die Flora*، الجالا/الحفل *die Gala*، الكاميرا/آلة التصوير *die Kamera*، الحمم البركانية *die Lava*، الليرة (الايطالية) *die Lira*، الماما *die Mama*، الملاريا *die Malaria*، الباستا/المعكرونة *die Pasta*، البايلا *die Paella*، البيزيتا *die Peseta*، البيتزا *die Pizza*، الكينوا *die Quinoa*، الساونا *die Sauna*، القيلولة *die Siesta*، الفيلا *die Villa*، الفيولا/الكمان الأوسط *die Viola*.

استثناءات: الأسماء الإغريقية الأصل المنتهية بالنهاية ma-:

- الرائحة/النكهة *das Aroma*
- الربو *das Asthma*
- الكاريزما/الجاذبية *das Charisma*
- الدراما *das Drama*
- المعضلة *das Dilemma*
- العقيدة *das Dogma*
- المناخ *das Klima*
- الفاصلة *das Komma*

- الصهارة *das Magma*
- البلازما (الدم) *das Plasma*
- النموذج *das Schema*
- الانشقاق *das Schisma*
- النطفة/المنيّ *das Sperma*
- الندبة/وصمة العار *das Stigma*
- الموضوع *das Thema*
- الصدمة نفسية *das Trauma*

ولكن الشركة/المؤسسة التجارية *die Firma* (لأنها ليست من أصل يوناني وهي مرادف لكلمة الشركة/الجمعية *die Gesellschaft*).

الأسماء التي تنتهي بالنهاية acht-: الثمانية *die Acht*، الشحن *die Fracht*، السُلطة *die Macht*، البهاء *die Pracht*، اليخت *die Jacht/Yacht*، الاستئجار *die Pacht*، الزيّ *die Tracht*، الحراسة *die Wacht*، النزاع/الفتنة *die Zwietracht*، الاتحاد *die Eintracht*، ولكن الريبة/الشك *der Verdacht*.

الأسماء التي تنتهي بالنهاية ade-: رواق المعبد *die Arkade*، التكريم *die Akkolade*، القصيدة الدرامية *die Ballade*، المِترَاس *die Barrikade*، اللواء *die Brigade*، الحصار *die Blockade*، المربّى *die Marmelade*، الواجهة *die Fassade*، العقد *die Dekade*، المغامرة *die Eskapade*، الاستعراض العسكري *die Parade*، الرحمة *die Gnade*، الخط المستقيم *die Gerade*، الشلال *die Kaskade*، الدرج *die Schublade*، الليمونادة/شراب الليمون *die Limonade*، التمليح *die Marinade*، الممر/الفقرة *die Passage*، الشيكولاتة *die Schokolade*، الألعاب الأولمبية *die Olympiade*، النزهة/المنتزه *die Promenade*، طبق اللحم الملفوف *die Roulade*، السرينادة *die Serenade*، الخطاب الطويل *die Tirade*.

الأسماء التي تنتهي بالنهاية age-: المرأب *die Garage*، التركيب *die Montage*، الطابق *die Etage*، التجسس *die Spionage*، السخرية *die Persiflage*، الفضيحة *die Blamage*.

الأسماء التي تنتهي بالنهاية anz-: هيكل المبنى *die Bausubstanz*، الموازنة/الميزانية *die Bilanz*، التألق *die Brillanz*، التفاوت *die Diskrepanz*، الهيمنة/السيطرة *die Dominanz*، الأناقة *die Eleganz*، الجهة المختصة *die Instanz*، التسامح *die Toleranz* (ولكن الإكليل *der Kranz* لأن الأسماء ذات المقطع الواحد تميل إلى أن تكون مذكرة).

الأسماء التي تنتهي بالنهاية art-: بعض الأسماء المشتقة من *die Art*: الطبع *die Eigenart*، المِشية *die Gangart*، نوع الرياضة *die Sportart*، المقام الموسيقي/النبرة *die Tonart*.

الأسماء التي تنتهي بالنهاية e-: الأسماء ذات النهاية e- تكون مؤنثة بنسبة حوالي 90%.[45] فالأسماء المنتهية بالنهاية e- تكون عادة مؤنثة إذا لم تكن تشير إلى شخص ذكر (مثل: الصبيّ/الولد *der Junge*)، ولا تبدأ بالبادئة -Ge (مثل: الفكرة *der Gedanke*). سنناقش المزيد من الاستثناءات أدناه. الأسماء المنتهية باللاحقة e- المشتقة من فعل تكون دائما مؤنثة: *die Rede ← reden*، *die Fläche ← flach*. وكذلك يُرجى ملاحظة أن إضافة e- في نهاية الإسم تعني أنها منطوقة، والذي يعني بدوره أنه حتى الكلمات القصيرة المنتهية بالنهاية e- يجب أن تحتوي على أكثر من مقطع. وهذا يُوضح سبب ضعف احتمال أن تكون الكلمات ذات المقطع الواحد مؤنثة؛ إحصائيا، يكون احتمال تذكيرها أكبر.

أمثلة على الأسماء المؤنثة المنتهية ب e-:

---

[45] تُستمد هذه النسب المئوية من الجدول 2.7 "بعض القواعد الصوتية لتخصيص الجنس في الألمانية"، انظر: ميلز ، أ. 1986. اكتساب الجنس: دراسة اللغة الإنجليزية والألمانية. سبرينغر فيرلاج ، ب. 33.

العنوان *die Adresse*، النمل *die Ameise*، التحليل *die Analyse*، الموز *die Banane*، الفريسة *die Beute*، النحل *die Biene*، الطلب *die Bitte*، الزهور *die Blume*، المكبح/الفرملة *die Bremse*، الجسر *die Brücke*، الغطاء/السقف *die Decke*، التشخيص *die Diagnose*، الجزْر *die Ebbe*، الزاوية *die Ecke*، الزواج *die Ehe*، الأرض *die Erde*، العلم *die Fahne*، الفخّ *die Falle*، الصِبغة *die Farbe*، الراية *die Flagge*، الذبابة *die Fliege*، الناي *die Flöte*، السؤال *die Frage*، السرور *die Freude*، الزقاق *die Gasse*، الزرافة *die Giraffe*، القيثارة *die Gitarre*، الحدود *die Grenze*، السروال *die Hose*، السترة *die Jacke*، الإبريق *die Kanne*، الحافّة *die Kante*، الطاقية *die Kappe*، البطاقة *die Karte*، الكرز *die Kirsche*، الفصل/الفئة *die Klasse*، النخالة *die Kleie*، السلطعون *die Krabbe*، الطباشير *die Kreide*، الأزمة/ *die Krise*، العكّاز *die Krücke*، المصباح *die Lampe*، الحب *die Liebe*، الشفة *die Lippe*، القائمة *die Liste*، الثغرة *die Lücke*، الكذبة *die Lüge*، الرئة *die Lunge*،الكمية/الحشد *die Masse*، الحصيرة *die Matte*، الشمام *die Melone*، المعرض *die Messe*، الدقيقة *die Minute*، العُثّ *die Motte*، الندبة/أثر الجرح *die Narbe*، الأنف *die Nase*، الراهبة *die Nonne*، الواحة *die Oase*، المزمار *die Oboe*، الاستراحة/الوقفة *die Pause*، المقلاة *die Pfanne*، النبات *die Pflanze*، البرقوق *die Pflaume*، الصحافة *die Presse*، الجنس/العِرق *die Rasse*، الجرذ *die Ratte*، السفر/الرحلة *die Reise*، الدور *die Rolle*، الشيء/المتاع *die Sache*، الثعبان *die Schlange*، الحلزون/القوقعة *die Schnecke*، الشيكولاتة *die Schokolade*، المدرسة *die Schule*، الروح *die Seele*، الجانب *die Seite*، الثانية *die Sekunde*، الجورب *die Socke*، الشمس *die Sonne*، الهم *die Sorge*، البنسة/الدبوس *die Spange*، الطعام *die Speise*، العنكبوت *die Spinne*، اللغة *die Sprache*، الشارع/الطريق *die Strasse*، المسافة *die Strecke*، الساعة *die Stunde*، البحث/التنقيب *die Suche*، المجموع *die Summe*، الحساء *die Suppe*، الخصر *die Taille*،

شجر التنّوب *die Tanne*، القدح *die Tasse*، المرحاض *die Toilette*، الطماطم *die Tomate*، الطن/البرميل *die Tonne*، الوفاء *die Treue*، البوق *die Trompete*، المزهريّة *die Vase*، الكمان *die Violine*، السلاح *die Waffe*، الخدّ *die Wange*، الدبّور *die Wespe*، المرج *die Wiese*، اللذّة *die Wonne*، الكمّاشة *die Zange*، القُرادة *die Zecke*، الخلية *die Zelle*، تحوّل أسعار الفائدة *die Zinswende*، اللسان *die Zunge*.

استثناءات: أقل من 10% فقط من الأسماء المنتهية بالنهاية e- تكون مذكرة[46]. وبما أن الاسم المنتهي بالنهاية e- لا يكون مذكراً في الغالب، فإن بعض هذه الأسماء تسمى "الأسماء الضعيفة". وهناك تسمية أخرى لهذه المجموعة: "*die N-Deklination*" لأنها عادة ما يضاف لها "n" في حالة المفرد المنصوب والمضاف والمجرور.

أمثلة على الأسماء المذكرة المنتهية بالنهاية e-:

- الحرف *der Buchstabe*
- الصبيّ/الولد *der Junge*
- السلام *der Friede*
- الشرارة *der Funke*
- الفكرة *der Gedanke*
- الإسم *der Name*
- البذور *der Same*
- الإرادة *der Wille*

بعض الجنسيات المنتهية بالنهاية e- تكون مذكرة: الأفغاني *der Afghane*، الباسكي *der Baske*، البريطاني *der Brite*، البلغاري *der Bulgare*، الصيني

---

46 المرجع السابق ص 75.

der Chinese، الدنماركي *der Däne*، الفرنسي *der Franzose*، اليوناني *der Grieche*، الأيرلنديّ *der Ire*، الكرواتي *der Kroate*، الكردي *der Kurde*، المنغولي *der Mongole*، البولندي *der Pole*، الروسي *der Russe*، الإسكتلندي *der Schotte*، التركي *der Türke*.

بعض الأسماء التي تصف أشخاص/وظائف، ومنتهية بالنهاية e- تكون مذكرة:

- الخوّاف *der Angsthase*
- الساعِ/الرسول *der Bote*
- الولد *der Bube*
- الشاب/الصبيّ *der Bursche*
- الوريث *der Erbe* (أما *das Erbe* فتعني الإرث/الميراث)
- الخبير *der Experte*
- الزوج *der Gatte*
- الصاحب *der Gefährte*
- الكافر *der Heide*
- الراكب *der Insasse*
- الولد/الصبيّ *der Junge*
- الأعزب *der Junggeselle*
- الولد/الصبي *der Knabe*
- الزميل *der Kollege*
- زميل الجامعة/الدراسة *der Kommilitone*
- الشريك في الجريمة/المتواطئ *der Komplize*
- الزبون *der Kunde*
- غير الخبير *der Laie*
- إبن الأخ/الأخت *der Neffe*
- العملاق *der Riese*
- العبْد/الأسير *der Sklave*

- الشاهد *der Zeuge*

بعض أسماء الحيوانات المنتهية بالنهاية e- تكون مذكرة:

- القرد *der Affe*
- الثور *der Bulle*
- التنّين *der Drache*
- الأرنب *der Hase*
- الباز/الصقر *der Falke*
- الأسد *der Löwe*
- الثور *der Ochse*
- الغراب *der Rabe*
- الشمبانزيّ *der Schimpanse*
- الجرو *der Welpe* (استثناء غير معتاد للقاعدة التي بأن أسماء التصغير تكون محايدة)

بعض المهن المنتهية بالنهاية e- تكون مذكرة: عالم الأحيا *der Biologe*، طبيب النساء *der Gynäkologe*، أخصائي علم التربية *der Pädagoge*، عالم الاجتماع *der Soziologe*، القائد الاستراتيجيّ *der Stratege*.

هناك إسم مذكر ينتهي بالنهاية e- يستخدم بكثرة وهو الجبن *der Käse*. وهو مشتق من الكلمة اللاتينية المذكرة *caseus*، التي أُدخلت إلى الألمانية كمرادف لكلمة (الجبن الطري) *der Quark* المذكرة.

وهناك أقل من 1% من الأسماء المنتهية بالنهاية e- التي تكون محايدة:[47]

- العين *das Auge*
- الإرث/الميراث *das Erbe*، (ويطلق على من يرث *der Erbe*)

---

[47] المرجع السابق ص 75.

- المعني بالأمر *das Interesse* (من أصل لاتيني، والذي يجعل الاسم محايد)
- الكاراتيه *das Karate* (أنواع الرياضة تميل إلى أن تكون محايدة)
- المَجْمَع المغلق/مَجْمَع انتخاب البابا *das Konklave* (من أصل لا تيني والذي يجعلها لاسم امحايد، وهذا الإسم أيضا في فئة المحايد الغرفة *das Gemach*)
- الجنس *das Genre* (مأخوذة من الفرنسية، والذي يجعل الاسم محايد)
- الإجراء *das Prozedere* (مأخوذة من اللغة الإيطالية)
- المباراة النهائية *das Finale* (مأخوذة من اللغة الإيطالية)
- النهاية *das Ende*
- الصورة *das Image* (مأخوذة من اللغة الفرنسية)
- البرستيج/الهيبة *das Prestige* (مأخوذة من اللغة الفرنسية)
- نظام الحكم *das Regime* (مأخوذة من اللغة الفرنسية)

الأسماء المنتهية بالنهاية e- ولكنها تبدأ بالبادئة -Ge (وهذا يجعلها محايدة):

- كثرة الأسئلة *das Gefrage*
- سلسلة الجبال *das Gebirge*
- المبنى/العمارة *das Gebäude*
- اللوحة *das Gemälde*

الأسماء المشتقة من الصفات، وهو ما يجعلها محايدة:

- الخير *das Gute*
- الشر *das Böse*

الأسماء التي تنتهي بالنهاية ee-:

- الطريق الواسع ذو أشجار *die Allee* (مرادف الشارع/الطريق *die Strasse*)

- الجيش *die Armee* (مرادف القوات المسلحة *die Wehrmacht*، الدفاع *die Wehr*، الجيش الاتحادي *die Bundeswehr*، الدفاع/الحماية *die Abwehr*، ومنها أيضا رجال الإطفاء *die Feuerwehr*)
- الجنّية الطيّبة *die Fee*
- الفكرة *die Idee*
- الصبحية *die Matinee*
- المسجد *die Moschee*
- ملحمة الأوديسة *die Odyssee*
- السحلبية *die Orchidee*
- السهرة *die Soiree*
- الجولة الفنية *die Tournee*

كما يوجد اسم هام وهو البحر *die See*، والذي يصبح بحيرة *der See* عند استخدامه مع أداة المذكر لأن المياه الداخلية، مثل الأنهار والسدود والقنوات، تكون مذكرة. وهذا لا يختلف كثيرا عن اللغة الإنجليزية، حيث يمكن أيضا أن يشار إلى بحيرة باسم بحر، كما هو الحال في "The Sea of Galilee" (بحيرة طبريا). لاحظ أن في اللغة الألمانية عدة كلمات تعني البحر ولكل واحدة منها جنس مختلف: البحر *die See*، البحر *das Meer*، المحيط *der Ozean* (البحار الضخمة جدا التي تفصل بين القارات). إن البحر قوي جدا، وبالتالي، يمكنه خرق القاعدة 1 والتي تملي أن فئات الأشياء المتشابهة تميل إلى أن يكون لها نفس الجنس.

استثناءات محايدة (عادة تكون كلمات مأخوذة من لغات أخرى):

- العرض *das Exposee/Exposé*
- الفريسبي/الطبق طائر *das Frisbee*
- اللجنة *das Komitee*
- الأريكة *das Kanapee/ Canapé*
- البطاطس المهروسة *das Püree*

- الكليشيه/النمط *das Klischee*
- البيان *das Kommunikee/Kommuniqué*
- العباءة *das Negligee/Negligé*
- حُسْن السمعة/الشهرة *das Renommee*
- الملخص/الموجز *das Resümee*
- السوفليه *das Soufflee/Soufflé*

الأسماء التي تنتهي بالنهاية -ei/-erei : إذا كان الاسم مشكلا من اسم أو فعل بإضافة erei-، فهو يكون دائما مؤنث.

- التباهي *die Angeberei*
- الثرثرة *die Aufschneiderei*
- التصنّع *die Augenwischerei*
- المخبز *die Bäckerei*
- الخداع/الغشّ *die Bauernfängerei*
- القتال بالعضّ *die Beisserei*
- تسلق الجبال *die Bergsteigerei*
- الاحتيال/الخداع *die Betrügerei*
- فن النحت *die Bildhauerei*
- فن البيروغراف *die Brandmalerei*
- مصنع الجعّة *die Brauerei*
- مصنع التقطير *die Brennerei*
- المكتبة *die Bücherei*
- المطبعة *die Druckerei*
- المُخاطبة بالكاف *die Duzerei* (الإشارة إلى الناس باستعمال الضمير غير الرسمي *Du* بدلاً من الضمير الأكثر رسمية مثل حضرتك/سيادتك *Sie*)
- الإثارة/حب الاستظهار *die Effekthascherei*

- التكاسل/الخمول *die Faulenzerei*
- معمل الحلويات *die Feinbäckerei*
- المسمكة *die Fischerei*
- الجزارة *die Fleischerei*
- الترقيع *die Flickerei*
- الطيران *die Fliegerei*
- اختلاق القصص/الكذب *die Flunkerei*
- الحراجة *die Försterei*
- القرصنة *die Freibeuterei*
- الماسونية *die Freimaurerei*
- الاحتيال/الدجل *die Gaunerei*
- السرّيّة/تستُّر *die Geheimniskrämerei*
- السرّيّة/التستُّر *die Geheimnistuerei*
- السرّيّة/التستُّر *die Geheimtuerei*
- الدباغة *die Gerberei*
- المسبكة *die Giesserei*
- المساواة/المساواتية *die Gleichmacherei*
- المبالغة في التدقيق *die Haarspalterei*
- إخفاء المسروقات *die Hehlerei*
- التستُّر/التكتُّم *die Heimlichtuerei*
- التنبّؤ بالغيب *die Hellseherei*
- السحر/الشعوذة *die Hexerei*
- تربية النحل *die Imkerei*
- الصيد *die Jägerei*
- محمصة البن *die Kaffeerösterei*
- المجبنة *die Käserei*
- القبو/مصنع الخمر *die Kellerei*
- الكفر/إلحاد/زندقة *die Ketzerei*

- التصرف الصبياني *die Kinderei*
- محل السمكري *die Klempnerei*
- التسلق *die Kletterei*
- إطلاق النار *die Knallerei*
- التقبيل بكثرة *die Küsserei*
- التشرُّد *die Landstreicherei*
- المحاكاة الصوتية *die Lautmalerei*
- سرقة الموتى *die Leichenfledderei*
- الزُلفى/التذلل *die Liebedienerei*
- الهواية *die Liebhaberei*
- الكذب المستمر *die Lügerei*
- فن الرسم *die Malerei*
- المشاجرة الجماعية *die Massenschlägerei*
- الجزارة *die Metzgerei*
- التمرُّد/العصيان *die Meuterei*
- مصنع الألبان *die Molkerei*
- العناد/التشبث بالرأي *die Rechthaberei*
- شركة الملاحة *die Reederei*
- التهاون/الإهمال *die Schlamperei*
- الشراهة *die Schlemmerei*
- التمويه/التجميل ظاهري *die Schönfärberei*
- النجارة *die Schreinerei*
- الكدّ/الكدح *die Schufterei*
- النذالة/الوضاعة *die Schurkerei*
- التشاؤم/الانهزامية *die Schwarzmalerei*
- الخداع/القباحة *die Schweinerei*
- القرصنة *die Seeräuberei*
- العبودية *die Sklaverei*

- الشعور بالأهمية من خلال العضوية في نادٍ *die Vereinsmeierei*
- تعدّد الزوجات *die Vielweiberei*
- النهم/الشراهة *die Völlerei*
- الترسانة/مخزن الأسلحة *die Waffenmeisterei*
- التبصير/التكهّن بالغيب *die Wahrsagerei*
- مصنع النسيج *die Weberei*
- التظاهر بالأهمية *die Wichtigtuerei*
- الصيد غير القانوني *die Wilddieberei*
- مبالغة في التدقيق *die Wortklauberei*
- التلاعب بالأرقام *die Zahlenspielerei*
- السحر *die Zauberei*
- القِوادة *die Zuhälterei*
- النميمة/الاغتياب *die Zuträgerei*

الأسماء المؤنثة المنتهية بالنهاية ei- وليس erei-: كنيسة الدير *die Abtei*، مكتب محاماة *die Anwaltskanzlei*، الدواء *die Arznei*، الحرف اليدوية *die Bastelei*، التسوّل/الشحاذة *die Bettelei*، التلكُّؤ/التباطئ في العمل *die Bummelei*، الشرطة الجنائية الاتحادية *die Bundeskriminalpolizei*، الحزب الاتحادي *die Bundespartei*، مكتب الاستخبارات *die Detektei*، الشرطة *die Polizei*، المكتب/الديوان *die Kanzlei*، الحزب *die Partei*.

استثناءات: أسماء محايدة تنتهي بالنهاية ei- مثل البيض *das Ei*، الصياح/الضجة *das Geschrei* (البادئة -Ge تجعل الاسم محايد).

استثناءات، أسماء مذكرة تنتهي بالنهاية ei-: الببغاء *der Papagei* (الطيور الكبيرة تميل إلى أداة تعريف المذكر)، الصرخة *der Schrei* (إسم ذو مقطع واحد ومرادفاته مذكرة النداء *der Ruf*، الاستنجاد *der Hilferuf*).

الأسماء التي تنتهي بالنهاية enz-: الذكاء *die Intelligenz*، النتيجة/التابعة *die Konsequenz*، الوجود *die Existenz*، الاتجاه *die Tendenz*، التردُّد *die Frequenz*.

الأسماء التي تنتهي بالنهاية falt-: التنوّع *die Vielfalt*، العناية *die Sorgfalt*

الأسماء التي تنتهي بالنهاية grafie/-graphie-: السيرة الذاتية *die Biografie*، الهجاء *die Orthografie*.

الأسماء التي تنتهي بالنهاية heit-: الغباء *die Dummheit*، الحرية *die Freiheit*، الصحة *die Gesundheit*، الأمان *die Sicherheit*، الحقيق *die Wahrheit* (ولكن الفهرنهايت *das Fahrenheit*، لأن وحدات قياس درجة الحرارة تكون محايدة)[48].

الأسماء التي تنتهي بالنهاية icht-: (بما أن أن البصر *Sicht* مؤنث، هناك العديد من الأسماء المؤنثة تحوي هذا الجذر؛ لاحظ كيف تتزامن مع الفئة المؤنثة "الحكمة والمعرفة"):

- الرأي/وجهة النظر *die Sicht*
- القصد *die Absicht*
- الرأي *die Ansicht*
- المراقبة/الإشراف *die Aufsicht*
- المنظر/الإطلالة *die Aussicht*
- الإدراك *die Einsicht*
- الجانب/الاعتبار *die Hinsicht*
- التسامح/التساهل *die Nachsicht*
- النظرة العامة *die Übersicht*
- الحيطة *die Umsicht*

---

[48] راجع الإدخال "وحدات قياس درجة الحرارة" في فصل الأسماء المحايدة.

- الحذر *die Vorsicht*

في هذه الفئة من الأسماء المؤنثة نجد أيضاً النقرس *die Gicht*، الخبر *die Nachricht*، الواجب *die Pflicht*، الطبقة/الفئة *die Schicht*.

بما أن الأسماء التي تبدأ بالبادئة -Ge تكون غالباً محايدة، فلدينا ما يلي:

- القصيدة/الشِعْر *das Gedicht*
- المحكمة *das Gericht*
- الوجه *das Gesicht*
- الوزن/الثِقل *das Gewicht*

وتشمل الأسماء المحايدة المبدوءة بهذه البادئة: الضوء *das Licht*، ومشتقاته العديدة مثل الشفق/الغسق *das Zwielicht*.

الأسماء المذكرة المنتهية بالنهاية -icht:

- التقرير *der Bericht* (والذي له صلة بالتعليم/التدريس *der Unterricht* والذي كان في الماضي شيئاً ذكورياً)
- الوغد/اللئي *der Bösewicht*
- الصقر *der Habicht*
- التنازل *der Verzicht*
- القزم *der Wicht*

الأسماء التي تنتهي بالنهاية -ie (الأسماء المنتهية بالنهاية -ie تكون مؤنثة في 95% من الأحوال[49]): علم الأحياء *die Biologie*، الديمُوقراطية *die Demokratie*، الدبلوماسية *die Diplomatie*، العائلة *die Familie*، السحر

[49] تُستمد هذه النسبة المئوية من الجدول 2.7 "بعض القواعد الصوتية لتخصيص الجنس النحوي في الألمانية"، في : ميلز ، أ. 1986. اكتساب الجنس: دراسة اللغة الإنجليزية والألمانية. سبرينغر فيرلاج ، ب. 33

die Magie، اللحن *die Melodie*، الرتابة *die Monotonie*، الفلسفة *die Philosophie*، علم النفس *die Psychologie*، الدراسة *die Studie*.

استثناءات (الأسماء المذكرة التي تنتهي بالنهاية ie- تشير عادة إلى أشخاص) : الهيبي *der Hippie*، مدمن المخدرات *der Junkie*.

استثناءات (الأسماء المحايدة التي تنتهي بالنهاية ie- تشير عادة إلى أشياء جامدة أو كلمات تبدأ ب -Ge): الركبة *das Knie*، العبقرية/النبوغ *das Genie*، السيلفي/الصورة الملتقطة ذاتيا *das Selfie*.

الأسماء التي تنتهي ب ik-: الموسيقى *die Musik*، السياسة *die Politik*، الفيزياء *die Physik*، العصر الكلاسيكي *die Klassik*، الأسلوب/الفن القوطي *die Gotik*، الرومانسية *die Romantik*، النقد *die Kritik*، علم المنطق *die Logik*، علم الأخلاق *die Ethik*، الرمزية *die Symbolik*، علم الميكانيكا/الهندسة الميكانيكية *die Mechanik* (استثناء محايد: الفسيفساء *das Mosaik*، نفس فئة اللوحة/الصورة *das Bild*).

الأسماء التي تنتهي بالنهاية in-: العقيدة *die Doktrin*؛ والمهن والوظائف التي مؤنثها يُبنَى بإضافة in- مثل الطبيبة *die Ärztin*، الطالبة *die Studentin*.

استثناءات (أسماء مذكرة تنتهي بالنهاية in-)

- الدَلْفين *der Delphin* (ثدييات البحر الكبيرة يرجح أن تكون مذكرة)
- المُهرّج *der Harlekin*
- ابن العم/العمة/الخال/الخالة *der Cousin* (تماما مثل *der Vetter*)
- المدفأة/المدخنة *der Kamin* (تماما مثل*der Schornstein*)
- حصى اللُبان *der Rosmarin* (التوابل تميل الى أداة تعريف المذكر)
- الموعد *der Termin* (مأخوذة من كلمة لاتينية والتي تعني الحد *der Grenzstein*، وتعني أيضا التاريخ *der Zeitpunkt*)

- البول *der Urin* (لأن الفضلات تكون مذكرة، والكلمة الأصلية أيضا مذكرة: البول *der Harn*)

استثناءات (أسماء محايدة تنتهي بالنهاية in- وعادة تكون موادا كيميائية) :

- الأدرينالين *das Adrenalin*
- البنزين *das Benzin*
- الكولسترول *das Cholesterin*
- الهيموغلوبين *das Hämoglobin*
- الهيروين *das Heroin*
- الانسولين *das Insulin*
- التوكسين *das Toxin*

الأسماء التي تنتهي بالنهاية itis/-tis-: مصطلحات طبية مثل التهاب الزائدة الدودية *die Appendizitis*، التهاب المفاصل *die Arthritis*، التهاب المعدة والأمعاء *die Gastroenteritis*، التهاب الملتحمة *die Konjunktivitis*، التهاب سحائي *die Meningitis*، التهاب دواعم السن *die Parodontitis*، التهاب الجيوب الأنفية *die Sinusitis*. هناك فقط كلمتان مؤنثان تنتهيان بهذه النهاية: القطب الشمالي *die Arktis*، القطب الجنوبي *die Antarktis*.

الأسماء التي تنتهي بالنهاية keit-: الإمكانية *die Möglichkeit*، السرعة *die Schnelligkeit*، الصعوبة *die Schwierigkeit*، القصور/التقصير *die Unzulänglichkeit*.

الأسماء التي تنتهي بالنهاية logie-: علم الأحياء *die Biologie*، علم الأرصاد الجوية *die Meteorologie*.

الأسماء التي تنتهي بالنهاية t-: الأسماء المنتهية بالنهاية t- والمشتقة من الأفعال

- العمل *die Arbeit* (يعمل *arbeiten*)

- السفر *die Fahrt* (يذهب *fahren*)
- الوصول *die Ankunft* (يصل *ankommen*)
- الولادة *die Geburt* (يلد *gebären*)
- السجن *die Haft* (يتمسك *haften*)
- الخط/المخطوط *die Handschrift* (يكتب *schreiben*)
- النظر/البصر *die Sicht* (يرى *sehen*)
- الأعمال/الأفعال *die Tat* (يعمل/يفعل *tun*)

بعض الأسماء المؤنثة ذات المقطع الواحد تنتهي بالنهاية t-:

- قبضة اليد *die Faust* (نفس فئة المؤنث مثل؛ اليد *die Hand*)
- الفيضان/السيل *die Flut* (نفس فئة المؤنث مثل: التيار *die Strömung*، الطوفان *die Überschwemmung*، الجَزر *die Ebbe*، كتلة المياه *die Wassermasse*).
- المهلة *die Frist* (العديد من الأسماء الدالة على الوقت والحدود تكون مؤنثة)
- الواجهة *die Front* (من نفس الفئة المؤنثة مثل الواجهة الأمامية *die Vorderseite*، خط المعركة *die Gefechtslinie*)
- السجن *die Haft* (نفس فئة الأسر/السجن *die Gefangenschaft*، الحجز *die Beschlagnahme*، الأسْر *die Gefangennahme*، التقييد *die Fesselung*).
- البشرة *die Haut* (نفس فئة الطبق/القشرة *die Schale*، الغلاف *die Umhüllung*).
- المحنة *die Not* (نفس فئة *die Bedrängnis*، *die Schwierigkeit*).
- الطاعون *die Pest* (من كلمة *die Pestilenz*، نفس فئة الوباء *die Epidemie*، البلاء *die Plage*، الآفة/العدوى *die Seuche*، المعاناة *die Qual*.
- العالم *die Welt* (نفس فئة الأرض *die Erdkugel*، *die Erde*).
- الغضب *die Wut* (نفس فئة *die Erregung*، *die Raserei*).

استثناءات محايدة: الدم *das Blut*، الدهون *das Fett* (فالأسماء المنتهية بالنهاية ett- يرجح أن تكون محايدة)، العُشّ/الوكر *das Nest* (نفس فئة البيت *das Heim*، السرير *das Bett*) ؛ استثناءات مذكرة: الروح/الشبح *der Geist* (ما يجعل جميع الأسماء في الثالوث المقدس مذكرة،؛ الأب *der Vater*، الإبن *der Sohn*، الروح القدس *der Heilige Geist*)؛ الاختبار *der Test*، البقية/الفضلة *der Rest*.

الأسماء التي تنتهي بالنهاية ft-: الأسماء المنتهية بالنهاية ft- يرجح أن تكون مؤنثة في معظم الأحوال: السجن *die Haft*، القوة *die Kraft*، الجوّ *die Luft*، العقلانية *die Vernunft*؛ وبما أن الكلمات المبدوءة بالبادئة -G يرجح أن تكون محايدة، فربما لا يكون من المفاجئ أنه هناك استثناء واحد وهو: السُمّ *das Gift*.

الأسماء التي تنتهي بالنهاية cht-: الأسماء المنتهية بالنهاية cht- تكون مؤنثة في 64% من الأحوال.[50]

- الثمانية/الثمانِ *die Acht* (الأرقام/الأعداد مؤنثة)
- الخليج *die Bucht*
- الاتحاد/الائتلاف *die Eintracht*
- الحمولة/الشحنة *die Fracht*
- السلطة *die Macht*
- الليل *die Nacht* (من نفس فئة الظلام *die Dunkelheit*، الظلمة *die Finsternis*، الكآبة *die Düsterkeit*)
- البهاء *die Pracht*
- الواجب *die Pflicht*

---

[50] النسب المئوية الخاصة بالأسماء المنتهية بالنهاية cht- مستمدة من الجدول 2.7 "بعض القواعد الصوتية لتخصيص الجنس في الألمانية"، في : ميلز ، أ. 1986. اكتساب الجنس: دراسة اللغة الإنجليزية والألمانية. سبرينغر فيرلاج ، ب. 33

- النظر/البصر *die Sicht*
- النية/القصد *die Absicht*
- الإدمان/التعوُّد *die Sucht*
- إدمان المخدرات *die Drogensucht*
- الغيرة *die Eifersucht*
- السمنة *die Fettsucht*
- العُجْب *die Gefallsucht*
- اليرقان *die Gelbsucht*
- شهوة الكسب/الجشع *die Gewinnsucht*
- الجشع/الطمع *die Habsucht*
- الأنانية/حب الذات *die Ichsucht*
- الأنانية/حب الذات *die Selbstsucht*
- فقدان الشهية العصابي *die Magersucht*
- الشوق/الحنين *die Sehnsucht*
- إدمان القمار *die Spielsucht*
- المشاكسة/حب التطاحن *die Streitsucht*
- الغضب الجنوني *die Tobsucht*
- إدمان الكحول *die Trunksucht*
- الاستسقاء الماء *die Wassersucht*

الأسماء المنتهية بالنهاية cht- تكون مذكرة في 22% من الأحوال، وعادة تشير إلى أشخاص: القزم *der Wicht*، الشخص اللئيم *der Bösewicht*.

الأسماء المنتهية بالنهاية cht- تكون محايدة في 15% من الحالات، وخاصة في الحالات التي تدل فيها تلك الأسماء على جماد و/أو تبدأ بالبادئة -Ge: الوجه *das Gesicht*.

الأسماء التي تنتهي بالنهاية orm-: الشكل *die Form*، صيغة المخاطبة *die Anredeform*، القاعدة *die Plattform*، الإصلاح *die Reform*، النظام السياسي *die Staatsform*، الزيّ الرسمي *die Uniform*)؛ المعيار *die Norm*.

الأسماء التي تنتهي بالنهاية tät-: النشاط *die Aktivität*، الكهرباء *die Elektrizität*، الهوية *die Identität*، الاستقامة *die Integrität*، القدرة *die Kapazität*، المكان/المحل *die Lokalität*، الجلالة/السمو *die Majestät*، تقلبات السوق *die Marktvolatilität*، الجنسية *die Nationalität*، التقوى *die Pietät*، الأولوية *die Priorität*، الجودة *die Qualität*، الجامعة *die Universität*.

الأسماء التي تنتهي بالنهاية thek-: المكتبة *die Bibliothek*، الملهى/ الديسكو *die Diskothek*.

الأسماء التي تنتهي ب nion-، lion-، xion-، gion-، sion-، tion-: الأمة *die Nation*، البعثة *die Mission*، الدين *die Religion*، الانعكاس/التأمل *die Reflexion*، المليون *die Million*، الاتحاد *die Union*، النقاش *die Diskussion*، التحالف *die Koalition*، الموقف *die Situation*، الوظيفة *die Funktion*.

الأسماء التي تنتهي بالنهاية schaft-: هذا هو المعادل الألماني للكلمات الإنجليزية المنتهية بالنهاية ship- مثل الصداقة friendship/*Freundschaft* أو بالنهاية hood- مثل الأُخوّة brotherhood/*Bruderschaft*.

- السفارة/الرسالة *die Botschaft*
- الأخوّة *die Bruderschaft*
- الخاصية *die Eigenschaft*
- الصداقة *die Freundschaft*

- الجمعية التعاونية *die Genossenschaft*
- الجمعية/الشركة *die Gesellschaft*
- الخبر السيء *die Hiobsbotschaft*
- الهيمنة *die Herrschaft*
- الفريق *die Mannschaft*
- المحسوبية *die Seilschaft*
- الاقتصاد *die Wirtschaft*

الأسماء التي تنتهي بالنهاية sis-: القاعدة *die Basis*، الجرعة *die Dosis*، سفر التكوين *die Genesis*، التطهر الروحي *die Katharsis*، الشك/الارتياب *die Skepsis*.

الأسماء التي تنتهي بالنهاية ung-: (الأسماء المنتهية بالنهاية ung- وخاصة التي تحتوي على أكثر من مقطع، يرجح أن تكون مؤنثة) :

- القسم/الشعبة *die Abteilung*
- الموازنة/التدبُّر *die Abwägung* (على سبيل المثال؛ الموازنة بين الربح والتكاليف *die Kosten-Nutzen-Abwägung*)
- توجهات المستثمرين *die Anlegerstimmung*
- الأهمية *die Bedeutung*
- الشرط *die Bedingung*
- المراقبة *die Beobachtung*
- المشاورة *die Beratung*
- الحركة *die Bewegung*
- العلاقة *die Beziehung*
- التعليم *die Bildung*
- المدخل *die Einführung*
- النهاية *die Endung*
- الخبرة/التجربة *die Erfahrung*

- الاختراع *die Erfindung*
- التصريح *die Erklärung*
- قصة *die Erzählung*
- التربية *die Erziehung*
- البحث العلمي *die Forschung*
- العمل/الفعل *die Handlung*
- الهبوط *die Landung*
- الانجاز *die Leistung*
- التوجيه/الإدارة *die Leitung*
- الحل *die Lösung*
- الانحدار *die Neigung*
- الفتحة *die Öffnung*
- النظام *die Ordnung*
- الاختبار *die Prüfung*
- الحكومة *die Regierung*
- الإنقاذ *die Rettung*
- الاتجاه *die Richtung*
- التجمّع *die Sammlung*
- الإرسالية *die Sendung*
- المستوطنة *die Siedlung*
- التوتُّر/الجهد الكهربي *die Spannung*
- الحال/المزاج *die Stimmung*
- التمرين *die Übung*
- التعديل/التغيير *die Veränderung*
- الربْط/الوصْل *die Verbindung*
- المطاردة *die Verfolgung*
- الانتهاك/المخالفة/الإصابة *die Verletzung*
- المحاضرة *die Vorlesung*

- العملة *die Währung*
- التحذير/الإنذار *die Warnung*
- الإعلان/الدعاية *die Werbung*
- التأثير/الفعالية *die Wirkung*
- الرسم *die Zeichnung*
- الجريدة *die Zeitung*
- المسكن/الشقة *die Wohnung*

استثناءات: الكلمات ذات المقطع الواحد من قاعدة ung-، لأن معظم الكلمات ذات المقطع الواحد يرجح أن تكون مذكرة:

- السماد الطبيعي *der Dung*
- القفزة *der Sprung*
- الاندفاع/الزخم *der Schwung*

الأسماء التي تنتهي بالنهاية ur- (ولكن ليس eur-[51]) : الأسماء المنتهية بالنهاية ur- أو ür- تكون مؤنثة في 93% من الحالات.[52]

- الوكالة *die Agentur*
- المعدات/الأدوات *die Armatur*
- الحلاق *die Frisur*
- الطلاء الزجاجي *die Glasur*
- الثقافة *die Kultur*
- الأدب *die Literatur*
- الطبيعة *die Natur*

---

[51] الأسماء المنتهية بالنهاية eur- تكون عادة مذكرة إذا كانت تشير إلى مهنة أو وظيفة أو نشاط. لمزيد من التفاصيل، راجع مدخل eur- في فصل الأسماء المذكرة.

[52] النسب المئوية الخاصة بالأسماء المنتهية بالنهاية ur- وكذلك ür- مستمدة من الجدول 2.7 "بعض القواعد الصوتية لتخصيص الجنس في الألمانية"، في : ميلز ، أ. 1986. اكتساب الجنس: دراسة اللغة الإنجليزية والألمانية. سبرينغر فيرلاج ، ب. 33

- التصليح *die Reparatur*
- الأثر/الدرب *die Spur*
- لوحة المفاتيح *die Tastatur*
- درجة الحرارة *die Temperatur*

استثناءات (مذكرة في 5% من الحالات): عطارد *der Merkur* (نفس الفئة مثل المريخ *der Mars*، زحل *der Saturn*، المشتري *der Jupiter*، نبتون *der Neptun*).

استثناءات (محايدة في حوالي 2% من الحالات): الشهادة الثانوية الألمانية *das Abitur* (مأخوذة من الكلمة اللاتينية Abiturium).

الأسماء التي تنتهي بالنهاية ür-: الباب *die Tür*، التسلط/التعسف *die Willkür* (باستثناء دقة الشعور/الإحساس *das Gespür*، لأن الأسماء المبدوءة بالبادئة -Ge تميل إلى أن تكون محايدة).

Das : قواعد الأسماء المحايدة

القاعدة 1: الفئات

غالباً ما تكون الإشارات إلى فئات من المستوى الأعلى أو الدرجة الأولى للأشياء، أو مجموعات من الأشياء الجامدة، من الجنس النحوي المحايد (راجع الشكل 1 في المقدمة للتصوير التخطيطي لهذا المبدأ):

- الكون/العالم *das All/das Universum* من الجنس النحوي المحايد، ومكوناته الفرعية العديدة من الأجناس الثلاثة
- السن *das Alter*، العصور القديمة *das Altertum*، السن المتقدم *das Altsein*
- أدوات المائدة *das Besteck*: الملعقة *der Löffel*، الشوكة *die Gabel*، السكين *das Messer*
- الشيء *das Ding*
- المنتوج *das Erzeugnis*: المنتجات الزجاجية *das Glaserzeugnis*
- اللحم *das Fleisch*
- الجهاز *das Gerät*
- الوجه *das Gesicht*: الفم *der Mund*، الأنف *die Nase*، الأذن *das Ohr*
- الطيور/الدواجن *das Geflügel*: الديك *der Hahn*، الدجاجة *die Henne*، الكتكوت *das Küken*
- المشروبات *das Getränk*: النبيذ *der Wein*، العصير *der Saft*
- التوابل *das Gewürz*: الفلفل *der Pfeffer*، الملح *das Salz*
- الملك *das Gut*: البضاعة السائبة *das Massengut*، التراث الثقافي *das Kulturgut*، الضيعة/المزرعة *das Landgut*
- الحشرة *das Insekt*

- الأداة *das Instrument*
- الفستان *das Kleid*: فستان السهرة *das Abendkleid*، فستان الزفاف *das Brautkleid*
- الوجبة *das Mahl*: الأكل *das Essen*
- الطحين *das Mehl*
- المادة/الأدوات *das Material*
- الفاكهة *das Obst*
- الحصان *das Pferd*
- المنتوج *das Produkt*: الإنتاج الزراعي *das Agrarprodukt*، الإنتاج الصناعي *das Industrieprodukt*
- البقر *das Rind*: الثور *der Bulle*، البقرة *die Kuh*، العجل صغير *das Kälbchen*
- السفينة *das Schiff*، القارب *das Boot*
- الحيوان *das Tier*
- حيوانات الصيد *das Wild*
- الكلمة *das Wort*
- الأدوات *das Zeug*: أدوات العمل *das Werkzeug*

الحروف الهجائية: حرف الألف *das A*، حرف الباء *das B*، وتشمل: حرف الإستسِت *das Eszett* (الحرف ß).

تكون اللغات عادة محايدة: اللغة الألمانية *das Deutsch*، اللغة الإنجليزية *das Englisch*، اللغة اللاتينية *das Latein*.

بعض المصطلحات اللغوية وأجزاء الكلام: الصفة *das Adjektiv*، النعت *das Attribut*، صيغة المستقبل *das Futur*، إسم المفعول/الماضي التام *das Perfekt*، السابقة/البادئة *das Präfix*، الماضي البسيط *das Präteritum*،

الإسم *das Nomen*، إسم ذات *das Substantiv*، اللاحقة *das Suffix*، الفعل *das Verb*، الكلمة *das Wort*، الفاصلة *das Komma*.

استثناءات: الحالات النحوية (لأنها جزء من فئة "الحالة": الحالة *der Kasus*، الحال *der Fall*) مثل: حالة الرفع *der Nominativ*، حالة النصْب *der Akkusativ*، حالة الجرّ *der Dativ*، مصدر الفعل *der Infinitiv*، صيغة التفضيل *der Superlativ*.

الأسماء المشتقة من صيغة المصدر: الطعام *das Essen*، الكتابة *das Schreiben*، المشي *das Laufen*، السباحة *das Schwimmen*.

الأسماء المشتقة من الصفات (دون الإشارة إلى شخص أو شيء): الخير *das Gute*، الشر *das Böse*، الجمال *das Schöne*، العظمة *das Ungeheure*، الجديد *das Neue*، المثيل *das Gleiche*، الكُلّ/الجميع *das Ganze*.

الألوان: الأزرق *das Blau*، الأحمر *das Rot*، الأصفر *das Gelb*، الأخضر الفاتح *das Hellgrün*، البني الغامق *das Dunkelbraun*، البنفسجي *das Lila*، الأرجواني *das Violett*. (لاحظ أن بعض الألوان لها نفس اسم شيء له جنس آخر، مثال: اللون الفيروزي *das Türkis*، وهو اللون الأزرق المخضر، والمسمى على اسم الحجر الكريم *der Türkis*).

تكون أسماء القارات والبلدان والمناطق والمدن والقرى محايدة في معظم الحالات. وعادة لا توضع أداة المحايد "das" قبل اسم البلد أو المدينة، ولكنها تستعمل في بعض السياقات. على سبيل المثال : (تعاني إيطاليا اليوم من مشاكل اقتصادية) "*Das heutige Italien hat Wirtschaftsprobleme*". البلاد التي ينتهي اسمها بالنهاية –reich-، -land، -ien أو stan- تكون دائما محايدة. أمثلة: إيطاليا *Italien*، أسبانيا *Spanien*، ألمانيا *Deutschland*، انجلترا

England، النمسا *Österreich*، فرنسا *Frankreich*، المملكة المتحدة *Vereinigtes Königreich*، أفغانستان *Afghanistan*، باكستان *Pakistan*.

وعلى خلاف هذا فمع الدول غير المحايدة تستخدم أداة تعريف المذكر والمؤنث دائمًا قبل الإسم.

البلدان المؤنثة: سويسرا *die Schweiz*، سلوفاكيا *die Slowakei*، تركيا *die Türkei*، منغوليا *die Mongolei*، أوكرانيا *die Ukraine*.

البلدان المذكرة: العراق *der Irak*، إيران *der Iran*، اليمن *der Jemen*، السنغال *der Senegal*، السودان *der Sudan*، جنوب السودان *der Südsudan*، النيجر *der Niger*، الفاتيكان *der Vatikan*. ولأسباب لا يمكن تفسيرها، فإن دولة كوسوفو *Kosovo* الجديدة مذكر ومحايد.[53]

ورغم أن اسم المدينة *die Stadt* مؤنث، إلا أن فئة "أسماء المدن" تكون محايدة. وعلى غرار البلدان المحايدة المذكورة أعلاه، فإن هذا الجنس المحايد يظهر جليا فقط في حال إقرانه بصفة، مثل: برلين المُقسّمة *das geteilte Berlin*. حيث أن فئة المحايد المعنية (القاعدة 1) قوية بما يكفي للتغلب على الجنس الضمني لنهاية الأسماء (القاعدة 2). على سبيل مثال *"das mittelalterliche Hamburg"* (هامبورغ العصور الوُسطى)، على الرغم من أن الأسماء ذات النهاية -burg تكون عادة مؤنثة: القلعة *die Burg* (مشتقة من الحصن *die Festung*، المدينة *die Stadt*).

ويوجد مبدأ مماثل عندما يتعلق الأمر بالقارات. إسم القارة مذكر *der Kontinent* وهو مرادف لكلمة *der Erdteil* أي مساحة شاسعة من الأرض. ولكن عندما نطلق على القارات مسمياتها المنفردة، يكون لها جنسها الخاص بها. القطبين

---

[53] طبقا لبحث أُجري عبر الإنترنت في منتصف عام 2017، كان هناك تفضيل للمذكر *der Kosovo* على المحايد *das Kosovo* بنسبة 6 : 4 .

الشمالي *Arktis* والجنوبي *Antarktis* يأخذان أداة المؤنث، في حين أن أداة المحايد تأخذها أسماء القارات؛ أفريقيا *Afrika*، أمريكا *Amerika*، آسيا *Asien*، أوروبا *Europa* وكذلك أوقيانوسيا *Ozeanien*. الطريقة التي يكشف بها جنس القارة المحايدة نفسها هي إضافة صفة : "*das ferne Asien*" (آسيا البعيدة) أو " *das alte Europa*" (أوروبا القديمة). تُستعمل أداة التعريف فقط في حالة القارات المؤنثة: "*Wir besuchen die Arktis*" (نزور القطب الشمالي).

نفس المبدأ ينطبق على الجزر. إسم الجزيرة *die Insel* مؤنث، ولكن أسماء الجزر نفسها وخصوصاً إذا كانت بلداناً، محايدة: "*das schöne Mauritius*" (جمهورية موريشيوس الجميلة)، "*das kommunistische Kuba*" (كوبا الشيوعية).

صغار الإنسان وصغار الحيوانات[54]: الرضيع *das Baby*، الطفل *das Kind*، العجل *das Kalb*، العجل صغير *das Kälbchen*، الخنزير الصغير *das Ferkel*، الكتكوت *das Küken*، الحمل *das Lamm*.

الأسماء المصغرة: (النهايات الدالّة على التصغير -chen ،-lein؛ وأشكالها في اللهجات -li ،-el ،-erl ،-le): الأرنب *das Kaninchen*، الآنسة *das Fräulein*، السندريلا *das Aschenbrödel*، المنزل *das Haus* ← المنزل الصغير *das Häuschen, das Häuslein*.

الجزيئات والقطع الصغيرة: القطعة *das Stück*، الجزء *das Teil*، الذرة *das Atom*، الجُزيْء *das Molekül*، الإلكترون *das Elektron*، النيوترون *das Neutron*.

تقريبا جميع عناصر الجدول الدوري الـ 112 المعروفة: الألومنيوم *das Aluminium*، النحاس *das Kupfer*، اليورانيوم *das Uran* (ستة استثناءات:

---

[54] ولكن على غير المتوقع *der Welpe* (الجرو/ الكلب الصغير) مذكر.

الكربون *der Kohlenstoff*، الأوكسجين *der Sauerstoff*، النيتروجين *der Stickstoff*، الهيدروجين *der Wasserstoff*، الفوسفور *der Phosphor*، الكبريت *der Schwefel*).

أسماء المعادن: الرصاص *das Blei*، النحاس الأصفر *das Messing*، القصدير *das Zinn* (استثناءات: البرونز *die Bronze*، الفولاذ *der Stahl*).

المواد: الزجاج *das Glas*، الخشب *das Holz*.

النار والماء: النار *das Feuer*، الماء *das Wasser*.

العشب: العشب *das Gras*، الحشيش *das Haschisch*، الماريجوانا *das Marihuana*، التبن *das Heu*، العَلَف *das Viehfutter*، العشب/الملفوف *das Kraut*، العشبة الضارة *das Unkraut*.

وحدات القياس في الفيزياء: الأمبير *das Ampere*، الأوم *das Ohm*، الوات *das Watt*، الفولت *das Volt*، النيوتن *das Newton*.

وحدات قياس درجة الحرارة: السلزيوس *das Celsius*، الفهرنهايت *das Fahrenheit*، الكلفن *das Kelvin*.

وحدات الوزن: الوزن *das Gewicht*، الرطل *das Pfund*، الكيلوغرام *das Kilogramm* (إلا إذا كان الإسم ينتهي بالنهاية e- الدالة على المؤنث: الطن *die Tonne*، الأوقيّة *die Unze*).

مقياس أو مدى الشيء أو الوحدة المستخدمة لقياسه: *das Mass* وتعني كمية، درجة، معيار، مقياس، جرعة، سعة؛ يتبعها: المدى *das Ausmass* (مدى أو امتداد الشيء).

النغمات الموسيقية: السلّم الكبير *das Dur*، السلّم الصغير *das Moll*.

- بعض الإعدادات الموسيقية: الحفل الموسيقي *das Konzert*، الأوركسترا *das Orchester*، المسرح *das Theater*، الباليه *das Ballett* (باستثناء؛ الأوبرا *die Oper*، الفرقة الموسيقية *die Band*).

- بعض الآلات الموسيقية التي لا تنتهي بالنهاية e-: التشيلو *das Cello*، الهاربسيكورد *das Cembalo*، البيانو *das Klavier/das Piano*.

الكسور: الثلث *das Drittel* (⅓)، الربع *das Viertel* (¼)، الربع السنوي *das Quartal* (استثناءات: النصف *die Hälfte*)؛ جزء من العشرين (1/20) *das Zwanzigstel* (ولكن يخالف السويسريون هذا وينسبون الكسور المنتهية بالنهاية tel- إلى المذكر).

الكتب والأوراق والمحاضر المكتوبة: الكلمة *das Wort*، الكتاب *das Buch*، الورق *das Papier*، الورقة *das Blatt*، الوثيقة *das Dokument*، البروتوكول *das Protokoll*، الفصل *das Kapitel*.

أنواع الرياضة والألعاب:

- الأيروبيكس *das Aerobic*
- لعبة الهوكي *das Hockey*
- الركض/الجري *das Jogging*
- التنس/كرة المضرب *das Tennis*
- البادمنتون/تنس الريشة *das Badminton*
- الجمباز *das Turnen*
- السباحة *das Schwimmen*
- الكاراتيه *das Karate*

- البولينج/الكَرْدَحَة *das Bowling*
- لعبة الطاولة/النَّرد *das Backgammon*
- البوكر *das Poker*
- الصَوْلَجَان/الجولْف/الغولف *das Golf*
- الشطرنج *das Schach*
- اليوجا *das Yoga*
- البيلاتس *das Pilates*
- الاسكواش *das Squash*

استثناءات: الأسماء المركبة المنتهية بالنهاية *(der) Ball* مثلما في كرة القدم *der Fussball*، أو تنتهي بالنهاية *(der) Sport* مثلما في رياضة المحركات الآلية *der Motorsport* والرياضات المائية *der Wassersport.*

الأدوية: الدواء/العلاج *das Heilmittel/das Medikament*، الأسبرين *das Aspirin.*

المنظفات: مسحوق الغسيل *das Waschmittel* مثل: اريال *das Ariel*، أومو *das Omo*، فيم *das Vim*، برسيل *das Persil.*

أسماء الفنادق، المقاهي، النوادي، المسارح، وصالات السينما: الهيلتون *das Hilton*، الأوديون *das Odeon.*

الكلمات الأجنبية المستوردة إلى الألمانية يرجح أن تكون محايدة، مثل: الخبرة/البراعة *das Know-how.* وتكون هناك استثناءات عندما يوجد مرادف لنفس الكلمة في الألمانية ذات جنس آخر. مثال على ذلك: الشركة القابضة *die Holding* مؤنثة مثل مرادفاتها *die Firma* و *die Gesellschaft.*

القاعدة 2: الأصوات

الأسماء التي تنتهي بالنهاية aar-: الشعر/الشعرة *das Haar*، الثنائي/الزوج *das Paar*، بخلاف نهر السار *die Saar* (نهر في أوروبا، القاعدة 1: الفئات).

الأسماء التي تنتهي بالنهاية är-: الجيش *das Militär*، الراتب *das Salär*.

الأسماء التي تنتهي بالنهاية al-:

- النصب التذكاري *das Denkmal*
- المهرجان *das Festival*
- المَثل الأعلى *das Ideal*
- رأس المال *das Kapital*
- المحل *das Lokal*
- الشكل البيضوي *das Oval*
- البدّال/الدوّاسة *das Pedal*
- الطاقم/الموظفون *das Personal*
- البوّابة *das Portal*
- القضاء والقدر/المكتوب *das Schicksal*
- الإشارة *das Signal*
- المستشفى *das Spital*
- الوادٍ *das Tal*

استثناءات: الأخلاق *die Moral* (مثل علم الأخلاق *die Ethik*، الآداب *die Sittlichkeit*)، الكرنفال *der Karneval* (مثل كرنفال "الفاشينغ" *der Fasching*)، الشال *der Schal*، القناة/الترعة *der Kanal* (مثل المجرى المائي *der Wasserlauf*، الممر المائي *der Wasserweg*، المضيق *der Sund*).

الأسماء التي تنتهي بالنهاية at-:

- *das Aggregat* المجموع
- *das Attentat* الاغتيال
- *das Dekanat* العمادة
- *das Derivat* المشتق
- *das Destillat* ناتج التقطير
- *das Diktat* الإملاء
- *das Dirigat* قيادة الأوركسترا
- *das Duplikat* النسخة/صورة طبق الأصل
- *das Emirat* الإمارة
- *das Exponat* القطعة المعروضة
- *das Fabrikat* إنتاج المصنع
- *das Filtrat* ناتج الترشيح
- *das Format* الحجم
- *das Implantat* المزروع/المغروس
- *das Inserat* الإعلان
- *das Internat* المدرسة الداخلية
- *das Kalifat* الخلافة
- *das Kondensat* ناتج التكثيف
- *das Konglomerat* المزيج/التكتل
- *das Konkordat* الاتفاقية
- *das Konsulat* القنصليّة
- *das Korrelat* الرابط/اسم الصلة
- *das Laminat* التصفيح/أرضيات خشبية
- *das Lektorat* مكتب التحرير
- *das Mandat* الانتداب/التفويض

- النترات *das Nitrat*
- الأفيون *das Opiat*
- الفوسفات *das Phosphat*
- الانتحال *das Plagiat*
- الإعلان/اليافطة *das Plakat*
- الفرْض *das Postulat*
- البرولِتاريا *das Proletariat*، اللومبنبروليتريا/الطبقة ما تحت البرولِتاريا *das Lumpenproletariat*
- المربع *das Quadrat*
- المحمية *das Protektorat*
- المحاضرة/التقرير *das Referat*
- الإدارة الجامعية *das Rektorat*
- النقابة *das Syndikat*
- الفريد من نوعه *das Unikat*
- الشهادة *das Zertifikat*
- الاقتباس *das Zitat*

الاستثناءات التي تعرّف بأداة المذكر في فئة النهاية at- هي الأسماء التي تشير إلى أشخاص ذكور، مهنة أو وظيفة. إذا كان الإسم يشير إلى امرأة تشغل هذه الوظيفة، فعادة تضاف النهاية in-:

- المحامِ/المدافع *der Advokat*
- البهلوان *der Akrobat*
- الأرستقراطي *der Aristokrat*
- البيروقراطي *der Bürokrat*
- الديموقراطي *der Demokrat*
- الديبلوماسي *der Diplomat*
- القرصان *der Pirat*
- المتمرد/المرتد *der Renegat*

- ○ الجندي *der Soldat*

أو أسماء تشير إلى آلات، معدات أو أدوات:

- ○ الجهاز *der Apparat*
- ○ الآلة الذاتية *der Automat*
- ○ الترموستات/منظم الحرارة *der Thermostat* (يمكن أيضاً استخدام *das*)

والعديد من مشتقات الإسم *der Rat* (والذي يشير معناه الأصلي إلى جميع أنواع التموينات، ولكنه يعني اليوم نصيحة أو مجلس)، مثل: المجلس الاستشاري *der Beirat*، مجلس الأمن *der Sicherheitsrat*، وهو ما يفسر أيضا الجنس المذكر في مجلس الشيوخ *der Senat*؛ وتشمل هذه الفئة أسماء مذكرة أخرى: أثاث المنزل *der Hausrat*، المخزون/المؤونة *der Vorrat*، الخيانة/الغدر *der Verrat* (أي عكس "التموين" الصادق).

وتشمل الاستثناءات الأسماء من فئة المؤنث، مثل: الكمكوات/البرتقال الياباني *die Kumquat*، العمل/الفعل *die Tat* (نفس فئة العمل/العمل *die Aktion/die Handlung*)، المكونات *die Zutat* (لأنّ جذر الاسم *Tat* مؤنث)، الوطن *die Heimat*، الزواج *die Heirat* (نوع آخر من "التموين" المنزلي، وهذا الإسم من نفس فئة المؤنث للكلمات الأخرى الدالة على الزواج: الزواج *die Ehe*، عَقْد الزواج *die Eheschliessung*، حفل الزفاف *die Hochzeit*، عقْد الزواج *die Trauung*، زواج *die Verheiratung*).

الأسماء التي تنتهي بالنهاية bot-:

- ○ العرض/العطاء *das Angebot*
- ○ التجنيد/الحشد *das Aufgebot*
- ○ حظر التجول *das Ausgehverbot*

- العرض *das Gebot*
- الوفرة *das Überangebot*

استثناء: في مجال الحوسبة، البوت *der Bot* محايد لأن الإسم مشتق من الروبوت *der Roboter*.

الأسماء التي تنتهي بالنهاية eil-: الحبل *das Seil*، الحكم *das Urteil*، العكس/النقيض *das Gegenteil*.

الجزء *das Teil* (أو قطعة غير مثبتة/مرخية "*loses Stück*"): قطعة اللغز *das Puzzleteil*، قطع الغيار *das Ersatzteil*، القطعة *das Einzelteil*، الجزء العلوي *das Oberteil*، القطعة البلاستيكية *das Plastikteil*، جزء من حطام سفينة *das Wrackteil*.

الجزء *der Teil* (جزء لا يتجزأ من الكلّ "*Teil eines Ganzen*"): القارة *der Erdteil*، المنطقة *der Landesteil*، الحيّ *der Stadtteil*، أحد الوالدين *der Elternteil*، الجزء الأساسي/جزء لا يتجزأ من شيء *der Bestandteil*، الجزء الأمامي/الخلفي للقطار *der (vordere/hintere) Zugteil*، الجزء الأوسط *der Mittelteil* (مثل الجزء الأوسط من كتاب).

الأسماء التي تنتهي بالنهاية em-: الأسماء المنتهية بالنهاية em- مع تشديد المقطع الأخير تكون غالبا دخيلة على اللغة الألمانية (من أصل يوناني)، والتي تميل إلى أن تكون محايدة.

- التاج *das Diadem*
- الإكزيما *das Ekzem*
- الشعار *das Emblem*
- الحد الأقصى *das Extrem*
- الاستسقاء *das Ödem*

- الفونيم/الصوت اللغوي *das Phonem*
- المشكلة *das Problem*
- النظام *das System*
- النظرية *das Theorem*

والأسماء التالية المشددة في المقطع الأول تكون محايدة أيضا: المودم *das Modem*، صلاة الجنازة *das Requiem*، الرمز المقدس للقبيلة *das Totem*، الدراجة ذات مقعدين *das Tandem*.

ولكن الأسماء التالية المشددة في المقطع الأول مذكرة: النَفَس *der Atem*، دار الحريم *der Harem*، المسلم *der Moslem*.

الأسماء التي تنتهي بالنهاية ett-: الأسماء التي تنتهي بالنهاية ett- تكون محايدة في 95% من الحالات.[55]

- الحربة *das Bajonett*
- المأدبة *das Bankett*
- الباليه *das Ballett*
- التذكرة *das Billett*
- قالب فحم *das Brikett*
- مجلس الوزراء *das Kabinett*
- البوفيه *das Büffett*
- باقة الزهور *das Bukett*
- الثنائي *das Duett*
- الإستسِت (ß من حروف اللغة الألمانية) *das Eszett*

---

[55] تستمد النسب المئوية الخاصة بالأسماء المنتهية بالنهاية -ett من الجدول 2.7 "بعض القواعد الصوتية لتخصيص الجنس في الألمانية"، في: : ميلز ، أ. 1986. اكتساب الجنس: دراسة اللغة الإنجليزية والألمانية. سبرينغر فيرلاج ، ب. 33

- البطاقة/الملصق *das Etikett*
- نوع من أنواع الناي *das Flageolett*
- سيف الشيش *das Florett*
- العزف الرباعي على النايات *das Flötenquartett*
- قاع النهر *das Flussbett*
- كيس/قماش المخدة *das Inlett*
- الجاكت *das Jackett*
- الكباريه *das Kabarett*
- الكابروليه *das Kabriolett*
- المرحاض *das Klosett*
- الشياع (آلة موسيقية) *das Kornett*
- دهون الجسم *das Körperfett*
- المِشَدّ/الكورسيه *das Korsett*
- كستليتة/لحم الضلع *das Kotelett*
- مجلس الحرب *das Kriegskabinett*
- المستشفى العسكري *das Lazarett*
- المنويت *das Menuett*
- المئذنة *das Minarett*
- الثُمانيّ *das Oktett*
- عُجّة البيض *das Omelett*
- الباركيه/الأرضية الخشبية *das Parkett*
- الرُباعي *das Quartett*
- المِعداد *das Rechenbrett*
- لوحة الرسم *das Reissbrett*
- لعبة الروليت *das Roulett*
- لوحة الشطرنج *das Schachbrett*
- صِينيّة *das Servierbrett*
- سُداسي *das Sextett*

- هيكل عظمي *das Skelett*
- السونيتة *das Sonett*
- بيانو قديم *das Spinett*
- المِنطّ *das Sprungbrett*
- خنجر *das Stilett*
- مزلجة/لوح التزلج *das Surfbrett*
- الصينية *das Tablett*
- اللون الأرجواني *das Violett*
- لوحة الرسم *das Zeichenbrett*

الأسماء التي تنتهي بالنهاية -euer: النار *das Feuer*، المغامرة *das Abenteuer*، الغول *das Ungeheuer*.

الأسماء التي تنتهي بالنهاية -fon/-phon: الهاتف *das Telefon*، الميكروفون *das Mikrophon*، المكبر الصوت *das Megaphon*، الجرامافون *das Grammophon*، الساكسوفون *das Saxofon/Saxophon*، الكسيلوفون *das Xylofon/Xylophon*.

الأسماء التي تبتدأ ب -Ge: الأسماء المبدوءة ب -Ge غير المشدّد ولا تشير إلى أشخاص تكون في الغالب محايدة، مثل: المخ *das Gehirn*، وكذلك الأسماء المكونة من (-Ge + جذر الفعل + e-) تكون دائما محايدة:

das Gefrage الأسئلة ← *fragen*

das Gebäude المبنى ← *bauen*

das Gemälde اللوحة ← *malen*

وكذلك معظم الأسماء المكونة بهذه الطريقة من الأسماء ذات الصلة، مثل:

das Gebirge السلسلة الجبلية ← *berge*

- الحلويات/المخبوزات *das Gebäck*

- المبنى *das Gebäude*
- النباح *das Gebell*
- الصلاة/الدعاء *das Gebet*
- المنطقة/أرض *das Gebiet*
- سلسلة الجبال *das Gebirge*
- طقم الأسنان *das Gebiss*
- الذاكرة/الحافظة *das Gedächtnis*
- القصيدة *das Gedicht*
- الوعاء/الإناء *das Gefäss*
- الشعور/العاطفة *das Gefühl*
- العلبة/الصندوق *das Gehäuse*
- السرّ *das Geheimnis*
- الطلب/الأمر *das Geheiss*
- المخ *das Gehirn*
- العواء *das Gejaule*
- الثرثرة *das Gelaber*
- الضحك *das Gelächter*
- الوليمة *das Gelage*
- الأرض *das Gelände*
- المِفصل *das Gelenk*
- اللوحة *das Gemälde*
- الجدران *das Gemäuer*
- الخليط *das Gemenge*
- حمّام دم/المجزرة *das Gemetzel*
- الخضروات *das Gemüse*
- العاطفة/الوجدان *das Gemüt*
- القفا *das Genick*
- الأمتعة *das Gepäck*

- التزاحم/التدافع *das Gerangel*
- الجهاز/الآلة *das Gerät*
- الصوت/الأطيط *das Geräusch*
- الثرثرة *das Gerede*
- المحكمة *das Gericht*
- الجلطة *das Gerinnsel*
- الانفلونزا *das Gerippe*
- الحصى/الدبش *das Geröll*
- الإشاعة *das Gerücht*
- الكراكيب *das Gerümpel*
- السقالة *das Gerüst*
- الأرداف *das Gesäss*
- الأعمال/التجارة/المحل *das Geschäft*
- الحدث *das Geschehen*
- الهدية *das Geschenk*
- القضاء والقدر/المصير *das Geschick*
- الأوانٍ *das Geschirr*
- الجِنس *das Geschlecht*
- المخلوق *das Geschöpf*
- القذيفة *das Geschoss*
- الصياح *das Geschrei*
- المدفع *das Geschütz*
- الأسطول/السِرب *das Geschwader*
- الثرثرة *das Geschwätz*
- القُرحة *das Geschwür*
- القانون *das Gesetz*
- الوجه *das Gesicht*
- السِفلة/المنحطون *das Gesindel*

- الشبح/الطيف *das Gespenst*
- الحديث/المحادثة *das Gespräch*
- الإحساس *das Gespür*
- الصخر *das Gestein*
- الرف/الحامل *das Gestell*
- الفلك *das Gestirn*
- الأدغال *das Gestrüpp*
- مزرعة الخيول *das Gestüt*
- الطلَب/العريضة *das Gesuch*
- الضوضاء *das Getöse*
- المشروبات *das Getränk*
- الحبوب/الغلة *das Getreide*
- الضجيج *das Getue*
- النبات/مُستَنبَت *das Gewächs*
- الرداء/الثوب *das Gewand*
- المياه *das Gewässer*
- النسيج *das Gewebe*
- البندقية *das Gewehr*
- القرن *das Geweih*
- الصناعة/الحرفة *das Gewerbe*
- الوزن *das Gewicht*
- الصهيل *das Gewieher*
- أسنان اللّولب *das Gewinde*
- التشابك *das Gewirr*
- الضمير *das Gewissen*
- البرق والرعد *das Gewitter*
- القبو *das Gewölbe*
- الازدحام *das Gewühl*

- التوابل *das Gewürz*

استثناءات: الأسماء المذكرة ذات البادئة -Ge تميل إلى أن تكون مجردة أكثر من الأسماء المحايدة ذات البادئة -Ge:

- الفكرة *der Gedanke*
- اللذّة/المتعة *der Genuss*
- المذاق *der Geschmack*
- الربح/الفائدة *der Gewinn*
- الرائحة *der Geruch*
- الرائحة النتنة *der Gestank*
- الاستعمال *der Gebrauch*
- الغناء *der Gesang*

الأسماء المؤنثة ذات البادئة -Ge تميل أيضا إلى أن تكون مجردة أكثر من الأسماء المحايدة ذات البادئة -Ge:

- الحركة/التصرف *die Gebärde* (الحركات تميل إلى المؤنث)
- الرسوم *die Gebühr* (الدفعات والضرائب مؤنثة)
- الصبر *die Geduld*
- العنف *die Gewalt*
- الشكل/الهيئة *die Gestalt*
- التاريخ *die Geschichte* (فئة القصص والخطاب تكون غالباً مؤنثة)
- الجماعة/الطائفة *die Gemeinde*
- الخطر *die Gefahr*
- الضمان/الكفالة *die Gewähr*
- الولادة/الميلاد *die Geburt*

الأسماء التي تنتهي بالنهاية -gramm:

- اللفظ المقلوب *das Anagramm*

- التوقيع/الامضاء *das Autogramm*
- الرسم البياني *das Diagramm*
- الصورة ثلاثية الأبعاد *das Hologramm*
- الكيلوجرام *das Kilogramm*
- المليجرام *das Milligramm*
- الميكروجرام *das Mikrogramm*
- المونوجرام *das Monogramm*
- البرنامج *das Programm*
- متوازي الأضلاع *das Parallelogramm*
- قياس الزلازل *das Seismogramm*
- التلغراف/البرقية *das Telegramm*

الأسماء التي تنتهي بالنهاية ial-: المادة/المعدات *das Material*، الإمكانية *das Potenzial*.

الأسماء التي تنتهي بالنهاية iel-:

- المثال/النموذج *das Beispiel*
- المباراة النهائية *das Endspiel*
- القمار *das Glücksspiel*
- المسرحية الفكاهية *das Lustspiel*
- اللعبة/المباراة *das Spiel*
- المأساة *das Trauerspiel*
- الهدف/المرمَى/الغاية *das Ziel*

الأسماء التي تنتهي بالنهاية ier-: الأسماء المنتهية بالنهاية ier- تكون محايدة في 60% من الحالات، ومذكرة في 30% من الحالات ومؤنثة في 10% من

الحالات.[56]

عندما لا يشير الإسم المنتهي بالنهاية ier- إلى أشخاص (مثل الأسترالي *der Australier*، موضف البنك *der Bankier*، العقيد *der Brigadier*) أو لا يشير إلى جنس معين من الحيوانات (مثل الديناصور *der Dinosaurier*، الثور *der Stier*، اليوركشاير *der Yorkshireterrier*) بل يشير إلى أشياء جامدة أو فئات رئيسية للأشياء من المستوى الأعلى، فعندئذ تشير النهاية ier- غالبا إلى المحايد:

- الاستوديو/معمل الرسام *das Atelier*
- الجعة *das Bier*
- الإكسير *das Elixier*
- البيانو *das Klavier*
- المهنة *das Metier*
- الورق *das Papier*
- المسكن/الإقامة *das Quartier*
- الحيوان *das Tier*
- الدورة الرياضية/البطولة *das Turnier*
- المهداف *das Visier*

وبما أن المؤنث يميل إلى أن يكون الجنس المفترض للأسماء المجردة، فإن هذا يشرح *die Gier* (الجشع). مثال نادر آخر للاسم المؤنث المنتهي بالنهاية ier- هو *die Feier* (الاحتفال).

[56] تستمد النسب المئوية الخاصة بالأسماء المنتهية بالنهاية ier- من الجدول 2.7 "بعض القواعد الصوتية لتخصيص الجنس في الألمانية"، في؛ ميلز، أ.ي. 1986. اكتساب الجنس: دراسة اللغة الإنجليزية والألمانية. سبرنغر-فرلانغ. الصفحة 33.

الأسماء التي تنتهي بالنهاية ing-: الأسماء المستوردة من الإنجليزية والمنتهية بالنهاية ing- تكون غالبا محايدة.

- رعاية الأطفال *das Babysitting*
- كمال الاجسام *das Bodybuilding*
- البولينج *das Bowling*
- العصف الذهني *das Brainstorming*
- العلامة التجارية *das Branding*
- التخييم *das Camping*
- مراقبة الحسابات *das Controlling*
- النشر المكتبي *das* ؤ
- السيل/التدفق التدريجي/التقاطر *das Dribbling*
- تعاطي المنشطات في الرياضة *das Doping*
- صلصة السلطة *das Dressing*
- رياضة الجري *das Jogging*
- الضغط السياسي/اللوبي *das Lobbying*
- التسويق *das Marketing*
- ترهيب/بلطجة *das Mobbing*
- إعادة تدوير النفايات *das Recycling*
- الملاحقة/التلصص *das Stalking*
- التمرين/التدريب *das Training*

استثناءات: عندما تكون للاسماء المستوردة من الإنجليزية أسماء مشابهة أو لها نهايات مشابهة في اللغة الألمانية، فإنها تأخذ نفس جنس الكلمة الألمانية المشابهة.

الأسماء المؤنثة المنتهية بالنهاية ing-: الشركة القابضة *die Holding* (نفس فئة *die Firma, die Gesellschaft*).

الأسماء المذكرة المنتهية بالنهاية ing-: حلبة الملاكمة *der Boxring* (مذكر بسبب النهاية: *der Ring* والمرادف الألماني *der Kampfplatz*).

الأسماء التي تنتهي بالنهاية ip-: المبدأ *das Prinzip* وأشكالها المتعددة: مبدأ السلطة *das Autoritätsprinzip*، التصنيف *das Einteilungsprinzip*، الإنتاج/التصنيع *das Fertigungsprinzip*، المبدأ الأساسي *das Grundprinzip*، المبدأ السببي *das Kausalprinzip*، مبدأ الحياة *das Lebensprinzip*، مبدأ الكفاءة *das Leistungsprinzip*، مبدأ التوصيل *das Leitungsprinzip*، مبدأ الأغلبية *das Majoritätsprinzip*، المبدأ الأخلاقي *das Moralprinzip*، مبدأ المنفعة *das Nützlichkeitsprinzip*، مبدأ التنظيم *das Ordnungsprinzip*، مبدأ الأولية *das Prioritätsprinzip*، مبدأ النسبية *das Relativitätsprinzip*، مبدأ الاقتصادية *das Sparsamkeitsprinzip*.

الأسماء التي تنتهي بالنهاية iv-:

- الدافع/الحافز *das Motiv*
- الموضوع المتكرر *das Leitmotiv*
- الصفة/النعت *das Adjektiv*
- المادة المضافة *das Additiv*
- الواقِي الذكري *das Präservativ*
- الأرشيف *das Archiv*

استثناءات: الحالات النحوية لأنها تنتمي إلى فئة الحال *der Fall*، *der Kasus*: حالة الرفع *der Nominativ*، حالة النصب *der Akkusativ*، حالة الجر *der Dativ*، المصدر *der Infinitiv*، صيغة التفضيل *der Superlativ*.

الأسماء التي تنتهي بالنهاية lein-: الغدير *das Bächlein*، الكُتيِّب *das Büchlein*، الآنسة *das Fräulein*، صغار الأوز *das Gänslein*، الولد/الصبي *das Knäblein*، الرجل الصغير *das Männlein*، الابريق

الصغير *das Krüglein*، السوس *das Scherflein*، الآنسة الصغيرة *das Stiftsfräulein*، السويعة *das Stündlein*، العصفور الصغير *das Vöglein*، الطفل الصغير *das Zicklein*، البقشيش *das Zunglein*.

الأسماء التي تنتهي بالنهاية ld-: الصورة *das Bild*، المال *das Geld*، الذهب *das Gold*، المحيط/البيئة *das Umfeld*، الملعب *das Spielfeld*، حقل البترول *das Erdölfeld*، الخط الوسط *das Mittelfeld*، مجال الجهد *das Spannungsfeld*، الأنقاض *das Trümmerfeld*، المجال المغناطيسي *das Magnetfeld*، اللافتة *das Schild* (نفس فئة الإعلان *das Plakat*) حيوانات الصيد *das Wild*.

استثناءات مذكرة: البطل *der Held*، اللافتة *der Schild*، أجر الجندي *der Sold*، الغابة *der Wald*.

استثناءات مؤنثة: الصبر *die Geduld*، الذنب *die Schuld*.

الأسماء التي تنتهي بالنهاية ma- (من أصل إغريقي):

- الرائحة/النكهة *das Aroma*
- الكاريزما/الجاذبية *das Charisma*
- الورطة/المأزق *das Dilemma*
- العقيدة *das Dogma*
- الدراما *das Drama*
- المناخ/الجو *das Klima*
- الغيبوبة *das Koma*
- الفاصلة *das Komma*
- الصهارة *das Magma*
- البانوراما *das Panorama*
- النموذج الفكري *das Paradigma*

- البلازما *das Plasma*
- الموشور *das Prisma*
- النموذج *das Schema*
- النطفة/المنِيّ *das Sperma*
- الندبة/وصمة العار *das Stigma*
- الموضوع/الأطروحة *das Thema*
- الصدمة نفسية *das Trauma*

من أصل غير يوناني: الكارما *das Karma*، اللاما *das Lama*.

استثناءات: الشركة/المؤسسة التجارية *die Firma* (نفس فئة الشركة/الجمعية *die Gesellschaft*)، أسد الجبال *der Puma* (الحيوانات المخيفة تميل إلى أن تكون مذكرة).

الأسماء التي تنتهي بالنهاية ment-: هناك العديد من الأسماء الأجنبية في هذه الفئة، والكلمات المستوردة تميل إلى أن تكون محايدة.

- الاشتراك *das Abonnement*
- الشقة *das Apartment*
- الحجة/الدليل *das Argument*
- القسم/الإقليم/المقاطعة *das Departement*
- الوثيقة *das Dokument*
- العنصر *das Element*
- المعدات/الأجهزة *das Equipment*
- التجربة *das Experiment*
- الشذرة/القطعة *das Fragment*
- الأساس *das Fundament*
- الأداة *das Instrument*
- الإطراء *das Kompliment*

- الإدارة *das Management*
- الدواء *das Medikament*
- النُصُب التذكاري *das Monument*
- الزخرفة *das Ornament*
- البرلمان *das Parlament*
- الرِقّ/البرشمان *das Pergament*
- الخضاب *das Pigment*
- الزركشة *das Posament*
- الحكم/الكتيبة *das Regiment*
- الأحكام/القوانين *das Reglement*
- الأسرار المقدسة *das Sakrament*
- الراسب *das Sediment*
- الجزء *das Segment*
- التشكيلة *das Sortiment*
- البيان *das Statement*
- المزاج/النفسية *das Temperament*
- الوصية *das Testament*
- إدارة الثروات *das Wealth Management*

استثناءات:

- المستهلك *der Konsument* (يتعلق بالأشخاص، على عكس الأسماء السابقة)
- الأسمنت *der Zement* (نفس فئة الرمل *der Sand*، الحجر *der Stein*، الخرسانة *der Beton*، الحصاة *der Kiesel*، الملاط *der Kitt*، الصمغ *der Klebstoff*)

الأسماء التي تنتهي بالنهاية nis-: الأسماء المنتهية بالنهاية nis- تكون إما محايدة أو مؤنثة.

الأسماء المؤنثة المنتهية بالنهاية nis- تشير غالباً إلى المواقف، الحالات أو إلى مفاهيم أكثر تجردا:

- المحنة *die Bedrängnis* (نفس فئة الخوف *die Angst*، الهم *die Sorge*، والحالات الوجودية الأخرى مثل: الفقر *die Armut*
- الصلاحية *die Befugnis*
- الخاصية الفريدة *die Bewandtnis*
- المرارة *die Bitternis*
- الإخصاب بشري *die Empfängnis*
- الإذن/الترخيص *die Erlaubnis* (ونجد أيضا في هذه الفئة القواعد والحدود: التنظيم *die Regelung*، المهلة *die Frist*، الحدّ *die Limitierung*، الحدود *die Grenze*، الحصْر *die Begrenzung*، الحصر/القيد *die Beschränkung*)
- الإدخار *die Ersparnis*
- التعفن *die Fäulnis*
- الظُلمة *die Finsternis* (نفس فئة الظلام *die Dunkelheit*، الليل *die Nacht*)
- المعرفة *die Kenntnis* (مؤنثة مثل الحكمة *die Weisheit*)
- البريّة *die Wildnis* (الصيد مؤنث، تبعا لآلهة الصيد المؤنثة عند الإغريق والرومان)

الأسماء المحايدة المنتهية بالنهاية nis- تشير غالباً إلى أشياء مجسمة إلى حد ما (أحداث/ نتائج/ أشياء مادية):

- الإزعاج *das Ärgernis*
- الاحتياج *das Bedürfnis*
- الدفن *das Begräbnis*
- الالتزام/الاعتراف/الإيمان *das Bekenntnis*
- الإسراف في الشراب *das Besäufnis*

- الصورة *das Bildnis*
- التحالف *das Bündnis*
- الاعتراف *das Eingeständnis*
- الحدث/الواقعة *das Ereignis*
- النتيجة *das Ergebnis* (أيضًا بالنسبة للأعمال: أرباح التشغيل *das Betriebsergebnis*)
- التجربة/المغامرة *das Erlebnis* (وبمعنى الاختراق *das Aha-Erlebnis*)
- الإنتاج *das Erzeugnis*
- الذاكرة *das Gedächtnis* (والمخ *das Gehirn* محايد أيضًا)
- السجن *das Gefängnis*
- السر *das Geheimnis* (نفس فئة اللغز *das Rätsel*، الغموض *das Mysterium*، الظاهرة *das Phänomen*، المعجزة *das Wunder*)
- الاعتراف *das Geständnis* (نفس فئة الالتزام *das Bekenntnis*)
- العائق *das Hemmnis* (عائق حسّي)
- الحاجز/العائق *das Hindernis* (عائق مادي)
- التنس *das Tennis* (أنواع الرياضة تميل إلى أن تكون محايدة)
- النِسبة *das Verhältnis* (نسبة المخاطر والعوائد *das Risiko-Rendite-Verhältnis*)
- الشؤم *das Verhängnis*
- الفهم *das Verständnis*
- سوء الفهم *das Missverständnis*
- عدم الفهم *das Unverständnis*
- الجدول/الفهرس *das Verzeichnis*
- المجازفة *das Wagnis*
- الخلاف *das Zerwürfnis*
- الشهادة *das Zeugnis*

الأسماء التي تنتهي بالنهاية ol-: في هذه الفئة يمكن العثور على العديد من المواد الكيميائية، والتي عادة ما تكون محايدة، وكذلك الكلمات المستخدمة بشكل متكرر، مثل محبوب الجماهير *das Idol* والرمز *das Symbol*.

- الهباء جوي/الضبوب *das Aerosol*
- الإيثانول *das Äthanol/Ethanol*
- البنزين *das Benzol*
- الكوبول *das Cobol*
- الجليكول *das Glykol*
- الوثن/محبوب الجماهير *das Idol*
- الميثانول *das Menthol*
- المول *das Mol*
- الاحتكار *das Monopol*
- الفينول *das Phenol*
- البوليستيرين *das Polystyrol*
- المحلول *das Sol* (مع أداة المذكر *der* يصبح المعنى آلهة الشمس عند الرومان *der Sol*)
- ورق القصدير/المفضَّض *das Stanniol*
- جنوب تيرول/مقاطعة بولسانو (النمسا) *das Südtirol* (البلدان والمناطق يرجح أن تكون محايدة)
- الرمز *das Symbol*
- الثيمول *das Thymol*
- التيرول *das Tirol* (البلدان والمناطق يرجح أن تكون محايدة)
- التولوين *das Toluol*

استثناءات:

- الكحول *der Alkohol* (المواد الكيميائية محايدة ولكن الكحول والمشروبات الكحولية مذكرة).
- الطائر الصفاري *der Pirol* (الطيور تكون غالباً مذكرة).
- القطب *der Pol*، القطب الشمالي *der Nordpol*، القطب الجنوبي *der Südpol*، القطب المعاكس *der Gegenpol* (النقاط على البوصلة تكون مذكرة).

الأسماء التي تنتهي بالنهاية -om/-ym:-

- علامة الاختصار *das Akronym*
- الذرة *das Atom*
- الأكسيوما/البديهية *das Axiom*
- ثو الإسمين (رياضات) *das Binom*
- الكروموسوم/الصِبغي *das Chromosom*
- شهادة الدبلوم *das Diplom*
- الإنزيم *das Enzym*
- الجينوم/المحتوى الوراثي *das Genom*
- الواقي الذكري *das Kondom*
- رقاص الإيقاع *das Metronom*
- ذو الأسم/أحادي الحدود (رياضات) *das Monom*
- الطيف/الشبح *das Phantom*
- متعددة الحدود (رياضات) *das Polynom*
- الإسم المستعار *das Pseudonym*
- العرض (المرض) *das Symptom*
- المتلازمة *das Syndrom*

الأسماء التي تنتهي بالنهاية -skop:-

- الأبراج *das Horoskop*
- المشكال *das Kaleidoskop*

- الميكروسكوب/المجهر *das Mikroskop*
- البريسكوب/منظار الأفق *das Periskop*
- الستيتوسكوب/السماعة الطبية *das Stethoskop*
- التلسكوب/المِرقب *das Teleskop*

الأسماء التي تنتهي بالنهاية tum-:

- العصور القديمة *das Altertum*
- الأمية *das Analphabetentum*
- المَشجر *das Arboretum*
- تاريخ الإصدار *das Ausstellungsdatum*
- القروي/طبقة الفلاحين *das Bauerntum*
- الملكية *das Besitztum*
- النمو السكاني *das Bevölkerungswachstum*
- الأبرشية *das Bistum*
- التقاليد *das Brauchtum*
- الطبقة البرجوازية *das Bürgertum*
- المسيحية *das Christentum*
- التاريخ *das Datum*
- القول المأثور *das Diktum*
- الملك *das Eigentum*
- التصحيح (مطبعية) *das Erratum*
- الأبرشية *das Erzbistum*
- الأرشيدوقية *das Erzherzogtum*
- الحقيقة *das Faktum*
- الإمارة *das Fürstentum*
- النمو المعروض/المخزون النقدي *das Geldmengenwachstum*
- الملكية الجماعية *das Gemeindeeigentum*
- نمو الأرباح *das Gewinnwachstum*

- الدوقية الكبرى *das Grossherzogtum*
- الملك عقاري *das Grundeigentum*
- تاريخ الصلاحية *das Haltbarkeitsdatum*
- الوثنية *das Heidentum*
- المقْدِس/المَعبد *das Heiligtum*
- البطولة *das Heldentum*
- تاريخ الإنتاج *das Herstelldatum*
- نمو الواردات *das Importwachstum*
- معدل النمو السنوي *das Jahreswachstum*
- (الديانة) اليهودية *das Judentum*
- الإمبراطورية *das Kaisertum*
- البرجوازية الصغيرة *das Kleinbürgertum*
- الكلمة المركبة *das Kompositum*
- العبقرية الفنية *das Künstlertum*
- الهُواة *das Laientum*
- تاريخ التسليم *das Lieferdatum*
- التصويت بالأغلبية *das Mehrheitsvotum*
- اقتراع حجب الثقة *das Misstrauensvotum*
- الملكية المشتركة *das Miteigentum*
- التبعية *das Mitläufertum*
- الرهبنة *das Mönchstum*
- النموّ الصفري *das Nullwachstum*
- البابويّة *das Papsttum*
- الماضي البسيط (النحو) *das Präteritum*
- الملكية الخاصة *das Privateigentum*
- الكمّ *das Quantum*
- المستقيم *das Rektum*
- المشيخة *das Scheichtum*

- الصَفَن *das Skrotum*
- برجوازية الحضرية *das Stadtbürgertum*
- الاجتهاد في الدراسة *das Strebertum*
- تاريخ اليوم *das Tagesdatum*
- البلاغ النهائي *das Ultimatum*
- ريادة الأعمال *das Unternehmertum*
- الإجرام *das Verbrechertum*
- تاريخ (انتهاء) الصلاحية *das Verfalldatum*
- التصويت على الثقة *das Vertrauensvotum*
- الثقافة الشعبية *das Volkstum*
- الاقتراع/التصويت *das Votum*
- النمو *das Wachstum*
- النمو الاقتصادي *das Wirtschaftswachstum*
- النمو الخلوي *das Zellwachstum*
- ثنائية الجنس *das Zwittertum*

استثناءات:

- الخطأ *der Irrtum* (نفس فئة الخطأ *der Fehler*)
- الثروة *der Reichtum*

الأسماء التي تنتهي بالنهاية um- (وهذا بالأخص إذا كان الإسم من أصل لاتيني):

- الألبوم *das Album*
- حوض السمك *das Aquarium*
- الأوديتوريوم/صالة العرض *das Auditorium*
- البكتيريا/الجراثيم *das Bakterium*
- الإنجيل *das Evangelium*
- المنتدى *das Forum*

- المدرسة الثانوية *das Gymnasium*
- بصمة تحديد المصدر في المطبوعات *das Impressum*
- الفرد *das Individuum*
- الذكرى السنوية *das Jubiläum*
- المعيار *das Kriterium*
- الحد الأقصى *das Maximum*
- الحد الأدنى *das Minimum*
- الوزارة *das Ministerium*
- المتحف *das Museum*
- الأفيون *das Opium*
- الحد الأمثل *das Optimum*
- عبء العمل *das Pensum*
- المِنَصّة *das Podium*
- الجمهور *das Publikum*
- المصل *das Serum*
- المرحلة *das Stadium*
- الدراسة الجامعية *das Studium*
- الفراغ *das Vakuum*
- التأشيرة *das Visum*
- المركز *das Zentrum*

استثناءات: الاستهلاك *der Konsum* (نفس فئة *der Verbrauch*)

الأسماء التي تنتهي بالنهاية werk-: الأسماء المركبة من الإسم *das Werk* (العمل/المصنع)

- محطة الطاقة النووية *das Atomkraftwerk*
- البناء المعماري *das Bauwerk*
- الحصن *das Bollwerk*

- محطة توليد الطاقة الفحمية *das Braunkohlekraftwerk*
- شبكة الحزمة/النطاق العريض (الاتصالات) *das Breitbandnetzwerk*
- شبكة الحاسوب *das Computernetzwerk*
- محطة توليد الطاقة البخارية *das Dampfkraftwerk*
- شبكة البيانات *das Datennetzwerk*
- محرك الأقراص المرنة *das Diskettenlaufwerk*
- محطة توليد الطاقة الحرارية الجوفية *das Erdwärmekraftwerk*
- الألعاب النارية *das Feuerwerk*
- محطة توليد الطاقة الغازية *das Gaskraftwerk*
- معمل الغاز *das Gaswerk*
- الأعمال الفكرية *das Gedankenwerk*
- الأعمال المجتمعية *das Gemeinschaftswerk*
- الحرفة *das Gewerk*
- الأواني الزجاجية/مصنع الزجاج *das Glaswerk*
- العمل اليدوي *das Handwerk*
- العمل الرئيسي *das Hauptwerk*
- منظمة الإغاثة *das Hilfswerk*
- محطة توليد الكهرباء *das Kraftwerk*
- العمل الفنّي *das Kunstwerk*
- المُحرك الأقراص *das Laufwerk*
- التحفة الفنية *das Meisterwerk*
- ورشة المعادن *das Metallwerk*
- المرجع/النموذج *das Nachschlagewerk*
- الشبكة *das Netzwerk*
- العمل الأوركسترالي *das Orchesterwerk*
- الكتاب الجماعي *das Sammelwerk*
- مصنع إنتاج الفولاذ *das Stahlwerk*
- العمل القياسي *das Standardwerk*

- الطابق/الدَوْر *das Stockwerk*
- المحرك النفاث *das Strahltriebwerk*
- محطة المياه *das Wasserwerk*
- محطة توليد الطاقة بالرياح *das Windkraftwerk*
- المعجزة *das Wunderwerk*

الأسماء التي تنتهي بالنهاية -yl:

- الملجأ *das Asyl* (مأخوذة من اليونانية، ولذلك تكون محايدة)
- الأكريليك *das Acryl*
- الفينيل *das Vinyl*

الأسماء التي تنتهي بالنهاية -zept:

- التصميم *das Konzept*
- الوصفة *das Rezept*

الأسماء التي تنتهي بالنهاية -zeug:

- العُدّة/الأدوات *das Zeug*
- المركبة/وسيلة النقل *das Fahrzeug*
- الطائرة *das Flugzeug*
- الطائرة الحربية (مقاتلة) *das Kampfflugzeug*
- الطائرة العسكرية *das Militärflugzeug*
- طائرة الرُكّاب *das Passagierflugzeug*
- أدوات الكتابة *das Schreibzeug*
- الفِضّيات *das Silberzeug*
- اللعبة *das Spielzeug*
- الأداة/الآلة *das Werkzeug*

واحد من الإثنين

في الحالات التي تكون فيها الأسماء مرتبطة بجنسين فقط من الأجناس الثلاثة، لديك فرصة أكبر لتخمين أداة التعريف الصحيحة.

مذكر أو محايد

الأسماء التي تنتهي بحرفين ساكنين، مثل: ck- أو tz- أو ss-، تكون عادة مذكرة أو محايدة إذا لم تنتهي ب ness- (مثل: تمرينات اللياقة البدنية *die Fitness*، العناية بالصحة *die Wellness*).

توجد طريقة للتمييز بين المذكر والمحايد في هذه الفئة، وهي أن الأسماء المبدوءة ب G- أو Ge- يرجح أن تكون محايدة.

الأسماء التي تنتهي بالنهاية ck-:

مذكرة: النظرة *der Blick*، الوسخ *der Dreck*، الثِقَل *der Druck*، الرُقعة *der Fleck*، الغندور *der Geck*، صوت النقر *der Klick*، الكسرة *der Knick*، الطلاء *der Lack*، التنورة *der Rock*، الجرعة *der Schluck*، شحم الخنزير *der Speck*، الخدعة *der Trick*، الهدف *der Zweck*.

محايدة: المثلث *das Dreieck*، المخبوزات *das Gebäck* (الكلمات المبدوءة ب Ge- تكون محايدة)، القفا *das Genick*، الأمتعة *das Gepäck*، الحظ السعيد *das Glück*، القطعة *das Stück*، العَودة *das Comeback*، التغذية الراجعة *das Feedback* (الكلمات المستوردة تكون محايدة).

الأسماء التي تنتهي بالنهاية eer-: الجيش *das Heer*، البحر *das Meer*، نبات الغار *der Lorbeer*، القطران *der Teer*، الرمح *der Speer*، الإريتري *der Eritreer*.

الأسماء التي تنتهي بالنهاية isch-:

- الأسماء المذكرة المنتهية ب isch-: السمك *der Fisch*، الطاولة *der Tisch*، الوثن *der Fetisch*.

- الأسماء المحايدة المنتهية ب isch- تشمل لُغات، وفئة اللغات يرجح أن تكون محايدة: اللغة العربية *das Arabisch*، اللغة الإنجليزية *das Englisch*، اللغة الأسبانية *das Spanisch*.

الأسماء التي تنتهي بالنهاية kt-:

مذكرة: الاضطراب *der Affekt*، الفصل *der Akt*، المهندس المعماري *der Architekt*، الجانب/الناحية *der Aspekt*، الخلل *der Defekt*، اللهجة *der Dialekt*، التأثير *der Effekt*، الانسداد *der Infarkt*، العدوَى *der Infekt*، الغريزة/الحدس *der Instinkt*، الذِهن/العقل *der Intellekt*، الشلال *der Katarakt*، الصراع *der Konflikt*، الإتصال/التلامس *der Kontakt*، العقد *der Kontrakt*، السوق *der Markt*، الميثاق/الحِلف *der Pakt*، المنشور *der Prospekt*، النقطة *der Punkt*، الاحترام *der Respekt*، النبيذ الفوار *der Sekt*، الإيقاع *der Takt*، القسم *der Trakt*.

محايدة: القطعة الأثرية *das Artefakt*، الجريمة *das Delikt*، المرسوم *das Edikt*، الحلوى *das Konfekt*، الحشرة *das Insekt*، التركيب *das Konstrukt*، الموضوع/الكائن *das Objekt*، (صيغة) الماضي التام/ *das Perfekt* (الأزمنة التامة في القواعد النحوية، المصطلحات النحوية يُرجّح أن

تكون محايدة)، المشروع *das Projekt*، المُنتج *das Produkt*، الأثر القديم *das Relikt*، الموضوع/الفاعل *das Subjekt*، الحُكم *das Verdikt* (نفس فئة *das Urteil*).

استثناءات (مؤنث): السَّاد/الكاتاراك *die Katarakt* (يجب ألا نخلط بينها وبين الشلال *der Katarakt*).

الأسماء التي تنتهي بالنهاية o-: الأسماء المنتهية ب o- تكون عادة مذكر أو محايد. أمثلة (محايد):

من أصل إغريقي (الكلمات المستعارة من لغات أجنبية يُرجّح أن تكون محايدة): السيارة *das Auto*، السينما *das Kino*، الكيلو *das Kilo*، مزيل الروائح/العرق *das Deo*، الثلاثي *das Trio*، الغرور/الأنا *das Ego*، الصورة (الفوتوغرافية) *das Foto*[57]، الصدى *das Echo*، الشعار *das Logo*، الميكرو *das Mikro*، الماكرو *das Makro*.

من أصل لاتيني: الفيديو *das Video*، العقيدة *das Credo/Kredo*، النيوترينو *das Neutrino*، المذكرة *das Memo*.

من أصل فرنسي: الاشتراك *das Abo*، الحانة الصغيرة *das Bistro*، المكتب *das Büro*، الكابريوليه *das Cabrio*، الكارو *das Karo*، المحفظة *das Portfolio*، الروكوكو (فن التزيين الداخلي) *das Rokoko*، الرولو (نوع من الستار) *das Rollo*.

من أصل إيطالي: السولو *das Solo*، الثنائي *das Duo*، النقص *das Manko*، الإيقاع *das Tempo*، الشعار *das Motto*، التصوير الجصّي *das Fresko*،

---

[57] يمكن أن تكون أيضا *die Foto*، لأن الكلمة الأصلية هي: *die Fotografie*.

الأستوديو *das Studio*، الغيتو *das Ghetto*، البيانو *das Piano*، الكازينو *das Kasino*، الحساب *das Konto*، حق الفيتو/النقض *das Veto*، اللوتو/اليانصيب *das Lotto*، رسوم البريد *das Porto*، فاصل موسيقي *das Intermezzo*، الجحيم *das Inferno*، الليبريتو/نص الأوبرا *das Libretto*، المخاطرة *das Risiko*، الروندو (مقطوعة موسيقية) *das Rondo*، الفشل/الإخفاق تام *das Fiasko*، منظمة تحصيل الديون *das Inkasso*، الأمر العسكري *das Kommando*، السيناريو *das Szenario*، بداية قطعة موسيقية/المقدمة *das Intro*.

من أصل إنجليزي: البانجو (آلة موسيقية وترية) *das Banjo*، جسم طائر مجهول *das Ufo*، الشامبو *das Shampoo*، لعبة البنغو *das Bingo*، العلاج الإرضائي *das Placebo*.

من أصل إسباني: الحظر (المفروض على الدولة) *das Embargo*، الوهق *das Lasso*، إل دورادو *das Eldorado*.

اللغة المنتهية ب o- (واللغات يُرجّح أن تكون محايدة) : لغة الإسبرانتو *das Esperanto*.

الآلات الموسيقية المنتهية ب o-: التشيلو *das Cello*، الهاربسكورد *das Cembalo*، البيانو *das Piano*.

أنواع الرياضات المنتهية ب o- والتي تكون محايدة : الجودو *das Judo*، لعبة البولو *das Polo*، الروديو (مسابقات رعاة البقر) *das Rodeo*.

أسماء البلدان المحايدة المنتهية ب o-: مونتينيغرو/الجبل الأسود *das (alte) Montenegro*، المغرب *das (alte) Marokko*، إمارة موناكو *das (alte) Monaco*، المكسيك *das (alte) Mexiko*.

استثناءات (الأسماء المذكرة المنتهية ب o-) :

- المولّد كهربائي *der Dynamo* (معظم أنواع الآلات تكون مذكر)
- اليورو *der Euro* (العديد من العملات تكون مذكر)
- التانجو *der Tango* (أنواع الرقصات تكون مذكر)
- الطين البركاني *der Fango* (الطمي العلاجي، فئة التربة مذكر)
- الإسبريسو *der Espresso* (المشروبات مذكر)
- الجنين/المُضغة *der Embryo* (نفس فئة الجنين الحيّ *der Fetus*، الجرثومة *der Keim*)
- الطوربيد *der Torpedo* (معظم الآلات تكون مذكر)
- التشقلب *der Salto* (نفس فئة *der Überschlag*)
- الكاكاو *der Kakao* (تميل المشروبات إلى أن تكون مذكر)
- حديقة الحيوانات *der Zoo* (نفس فئة حديقة الحيوان *der Tiergarten*)
- كوكب بلوتو *der Pluto* (فئة الأجرام السماوية يُرجّح أن تكون مذكر)
- الرصيد *der Saldo* (نفس فئة المبلغ *der Betrag*، رصيد الحساب *der Kontostand*)
- جذع الجسم *der Torso* (نفس فئة *der Oberkörper*)
- الفيلم الإباحي *der Porno* (لأنها اختصار لكلمة *der Pornofilm*)
- الماتشو/الذكوري *der Macho*
- عداد السرعة *der Tacho* (معظم الآلات وأجهزة القياس مذكر)
- الماتادور *der Torero*
- القبعة المكسيكسية *der Sombrero* (نفس فئة القُبّعة *der Hut*)
- المحوّل *der Trafo* (معظم الآلات مذكر)
- البوليرو *der Bolero* (العديد من الرقصات مذكر)
- الإسكيمو *der Eskimo*
- العاهر (الذكر) *der Gigolo*
- المَرْدَقُوش *der Oregano* (التوابل مذكرة)
- الإعصار *der Tornado* (أنواع الرياح يرجّح أن تكون مذكرة)

- الشهيلي/السيروكو *der Schirokko* (نوع من الرياح)
- الفلامنكو *der Flamenco* (الرقصات مذكرة)
- النحام الوردي *der Flamingo* (الطيور الكبيرة مذكرة)
- الكابتشينو *der Cappuccino* (المشروبات مذكرة)
- النمس *der Mungo*
- الكلب الاسترالي *der Dingo* (نفس فئة الكلب *der Hund*)
- الذَوق *der Gusto* (نفس فئة المذاق *der Geschmack*)

استثناءات مؤنثة: المظاهرة *die Demo*، الديسكو *die Disko*، الليموزين *die Limo*، المعلومات *die Info* (لأنها اختصارات *die Demonstration die Information*، *die Limousine*، *Diskothek*)، منظمة الأمم المتحدة *die Uno/UNO*، حلف ناتو/منظمة حلف شمال الأطلسي *die NATO*، المنظمة غير الحكومية *die NGO* (لأن *O* تشير إلى منظّمة *Organisation*)؛ الأفوكادو *die Avocado*، المانجو *die Mango* (الفواكه يرجّح أن تكون مؤنثة)؛ الرغبة الجنسية *die Libido*.

الأسماء التي تنتهي بالنهاية os-: هي النهاية الغالبة لعديد من المسميات والأسماء اليونانية المذكرة، تأمّل على سبيل المثال: إله الخمر عند الإغريق: ديونيسوس/باكوس *Dionysos*. وحينما تم إدخالها إلى الألمانية، ظلت الأسماء الإغريقية المنتهية ب os- مذكرة (الكون *der Kosmos*، الأسطورة *der Mythos*) أو تحولت إلى محايد، مثل معظم الكلمات المستعارة (الفوضى *das Chaos*، الشفقة *das Pathos*). الفكرة المستفادة هنا أن الأسماء الألمانية المنتهية ب os- لا ترتبط على الأقل بالأسماء المؤنثة .

الأسماء التي تنتهي بالنهاية tz-: البرق *der Blitz*، الشقّ *der Schlitz*، المقعد/المقرّ *der Sitz*، الطُرفة/النُكتة *der Witz*، الساحة/الميدان *der Platz*، الجملة *der Satz*.

مذكر أو مؤنث

الأسماء التي تنتهي بالنهاية mut-: الأسماء المنتهية ب mut- قد تكون من الأجناس الثلاثة، ولكن الأسماء المجردة منها تكون غالبا مؤنثة أو مذكرة. الأسماء المجردة المذكرة يرجح أنها تدل على سمات أكثر عدوانية، بينما الأسماء المؤنثة يرجح أن تشير إلى درجة أكبر من الخضوع.[58]

- الفقر *die Armut*
- التواضع *die Demut*
- الصبر الطويل *die Langmut*
- الوداعة *die Sanftmut*
- الكآبة *die Schwermut*
- الشجن *die Wehmut*

ولكن:

- الشجاعة *der Mut*
- الصراحة *der Freimut*
- الغطرسة *der Hochmut*
- التضجّر/الاستياء *der Missmut*
- الغرور *der Übermut*
- الغضب *der Unmut*
- الإقدام *der Wagemut*

الأسماء الدالة على العالم المادي، يرجح أن تكون محايدة، وبالتالي البزموت (عنصر كيميائي) *das Bismut*.

[58] تمت مناقشة هذه الفرضية في كوبكه، كلاوس مايكل، زوبين، ديفيد أ.، "ستة مبادئ لتحديد الجنس في الألمانية: مساهمة في التصنيف الطبيعي" في التقرير اللغوي 93 (1984)، صفحات 26-50، وتم إعادة طبعها في زيبورغ، هاينز (طبعة) 1997. اللغة – الجنس/ الجنس. بيتر لانج، صفحات 101-107.

الأسماء المنتهية بحرفين ساكنين: يمكن أن تكون مذكرة، محايدة أو مؤنثة. يجب الجمع بين القاعدة 1 والقاعدة 2 أحيانا لمعرفة الجنس. وبالتالي، الأسماء المختصرة وذات المقطع الواحد يرجح أن تكون مذكرة، إلا إذا كانت تشير إلى اسم مرتبط بنهاية نموذجية لجنس آخر أو تشير إلى فئة من الأسماء من جنس آخر.

مذكرة: الكرة *der Ball*، الدوران *der Drall*، التدريب الأساسي *der Drill*، الحالة *der Fall*، الرنين *der Hall*، القمامة *der Müll*، الجمرك *der Zoll*، المقبض *der Griff*، القماش *der Stoff*، السدّ *der Damm*، الطين *der Schlamm*، الحاسة/المعنى *der Sinn*، النصيحة *der Tipp*، العضّة/لدغة *der Biss*، السميد *der Griess*، التحية *der Gruss*، النهر *der Fluss*، بزار الحشرة *der Frass*، القدم *der Fuss*، الكُبيبة *der Kloss*، القُبلة *der Kuss*، الممر/جواز السفر *der Pass*، الهباب *der Russ*،/المرح *der Spass*، العَرَق *der Schweiss*، الرمح/الحربة *der Spiess*، الباقة/البوكيه *der Strauss*، الخاتمة/النهاية/النتيجة *der Schluss*، الطلقة النارية *der Schuss*، اللكمة *der Stoss*، الحجر/الجوف *der Schoss*، المثابرة *der Fleiss*، النزهة على متن الخيل *der Ritt*، الخطوة/الرفسة *der Tritt*.

محايدة: الآس *das Ass*، البرميل *das Fass*، الذقن *das Kinn*، الفرو *das Fell*، السفينة *das Schiff* (نفس فئة القارب *das Boot*)، المكان المقفر *das Kaff*، السرير *das Bett*، اللَوْح *das Brett*، الدهون *das Fett* (الأسماء المنتهية ب ett- يُرجّح أن تكون محايدة في 95% من الحالات) الحَمَل *das Lamm* (الأسماء المُصغّرة يُرجّح أن تكون محايدة)، القُفْل *das Schloss*، القياس *das Mass*، الطوف *das Floss*، الوعاء *das Gefäss*، الأرداف *das Gesäss*، القذيفة *das Geschoss* (الأسماء المبدوءة ب -Ge يرجّح أن تكون محايدة)، نبات "قدم الأسد" *das Edelweiss* (النهاية تدل على لون، والألوان محايدة).

مؤنثة: الجَوْز *die Nuss* (الفواكه والمكسرات يرجّح أن تكون مؤنثة)، الصفر *die Null* (الأرقام مؤنثة)، العندليب *die Nachtigall* (الطيور الصغيرة مؤنثة)، الماعز *die Geiss*.

أسماء يمكن تعريفها بأكثر من أداة

جزء صغير من الأسماء الألمانية يُنسب لأكثر من جنس واحد وذلك بسبب التفضيلات الإقليمية. على سبيل المثال، في شمال ألمانيا يتم تفضيل أداة التعريف المؤنثة لإسم *die Email* (البريد الإلكتروني)، لأن الكلمة من نفس فئة *die Post* (هيئة البريد). أما جنوب ألمانيا والنمسا وسويسرا فيعتبرون أنها كلمة أجنبية دخيلة، وبالتالي فهم يستخدمون أداة التعريف المحايدة *das Email*.

مثال آخر هو *App* (التطبيق). يرى البعض أن الاسم مؤنث لأن *App* عبارة عن اختصار لكلمة *die Applikation*؛ ويرى البعض الآخر أن المحايد هو الأنسب لأن *App* جزء من نفس فئة *das Programm* (البرنامج). وبالتالي، يكنك الاختيار بين *die App* أو *das App*.

نظرًا إلى أن اللغة ديناميكية، فسوف يكون هناك حتماً تغييرات في أجناس الأسماء على مر الوقت. على سبيل المثال، قام قاموس دودن للمفردات الأجنبية (Duden Fremdwörterbuch) بإجراء 199 تغيير في أجناس الأسماء بين طبعتيه عاميّ 1960 و 1997.[59]

المزيج الأكثر شيوعًا يكون بين الجنسين المذكر والمحايد. غالبًا ما يمكن تفسير خيار المحايد بسبب استعارة الاسم من لغة أخرى:

- القناة المقنطرة *der/das Aquädukt* (مأخوذة من اللغة اللاتينية، لذا تميل إلى أداة تعريف المحايد)
- عصر/فن الباروك *der/das Barock* (كلمة مأخوذة من اللغة الفرنسية، لذا تميل إلى أداة تعريف المحايد)

---

[59] شولت بيكهاوزن، ماريون. 2001. تباين الجنس في الكلمات الإنجليزية والفرنسية والإيطالية والإسبانية في الألمانية: دراسة تستند على القواميس الألمانية منذ عام 1945. الناشر بيتر لانج ، ص. 223

- البيئة البيولوجية *der/das Biotop* (كلمة مأخوذة من اللغة اليونانية، لذا فهي تميل إلى أداة تعريف المحايد)
- الحلوى *der/das Bonbon* (كلمة مأخوذة من اللغة الفرنسية)
- صفار البيض *der/das Dotter* (مرادف *das Eigelb*، لذا يُفضّل المحايد)
- الثُلث *der/das Drittel* (يستخدم الألمان أداة المحايد *das*، أما السويسريون فيستخدمون أداة المذكر *der*)
- الأدغال *der/das Dschungel* (نفس فئة *der Urwald*، ولكنها أيضا مأخوذة من الكلمة الأجنبية *jungle*، وبالتالي تستعمل أيضًا أداة تعريف المذكر *das*)
- الخُلاصة *der/das Extrakt* (نفس فئة المستخرج *der Auszug* وكذلك المركّز *das Konzentrat*)
- الحقيقة *der/das Fakt* (مأخوذة من *das Faktum*)
- الهلام *der/das Gelee*
- المبنى القباني *der/das Iglu*
- اللون النيلي *der/das Indigo*
- اليوجا *der/das Joga/Yoga*
- القمامة *der/das Kehricht*
- الكوسوفو *der/das Kosovo*
- اللتر *der/das Liter* (يفضل السويسريون أداة تعريف المذكر *der*)
- الرابط *der/das Link*
- تسجيل الدخول *der/das Log-in/Login*
- المباراة *der/das Match* (يستخدم الألمان أداة تعريف المحايد *das*، لأنه مرادف لُعبة *das Spiel*، أما السويسريون فيستخدمون أداة تعريف المذكر *der* لأنه يعني أيضًا المسابقة *der Wettkampf*)
- المتر *der/das Meter*
- النوغة *der/das Nougat/Nugat*
- المنصة *der/das Perron*

- الفلفل الافرنجي *der/das Piment*
- البابوية الكاثوليكية *der/das Pontifikat*
- الأرجواني *der/das Purpur*
- البيجاما *der/das Pyjama* (يفضل الألمان أداة تعريف المذكر *der*، لأنها مرادف زيّ النوم *der Schlafanzug*؛ ويفضل النمساويون والسويسريون *das*، لأن الأسماء المنتهية بالنهاية ma- تميل إلى المحايد)
- المذياع *der/das Radio* (تميل جنوب ألمانيا والنمسا وسويسرا إلى استخدام أداة تعريف المذكر لأنها من نفس فئة الإذاعة *der Rundfunk*)
- المسح الضوئي *der/das Scan*
- الصومعة *der/das Silo*
- تحقيق التوازن *der/das Spagat*
- الإلغاء *der/das Storno*
- الوشم *der/das Tattoo*
- الجزء *der/das Teil* (*der Teil* هو جزء لا يتجزأ من الكل، كما هو الحال مع الحيّ السكني *der Stadtteil*؛ *das Teil* هو قطعة سائبة من شيء ما، حتى ولو كان جزء من كل لأنه مرادف قطعة *das Stück*).
- موسيقى التكنو *der/das Techno*
- المَحطة *der/das Terminal*
- مقياس الحرارة *der/das Thermometer* (يختار النمساويون والسويسريون أداة تعريف المذكر *der* بسبب الصلة مع *der Meter*، ولكن الألمان يستخدمون *das* لأن الوحدات التي تقيس درجة الحرارة تأخذ أداة تعريف المحايد، كما هو الحال مع الدرجة المئوية *das Celsius*، الفهرنهايت *das Fahrenheit*، الكلفن *das Kelvin*).
- المنظم الحراري *der/das Thermostat*
- القنطرة *der/das Viadukt*
- الفيروس *der/das Virus* (تُفضّل *das* في الاستخدام التقني والعلمي)
- الكرة الطائرة *der/das Volleyball*

يأتي في المركز الثاني المزيج بين الجنسين المذكر والمؤنث:

- الاشمئزاز *der/die Abscheu* (هذه الكلمة لها جذورها في كلمة الخجل *die Scheu*. وفي الأصل *Abscheu* كانت مذكرة، وهذا مثال على كيفية تحول جنس بعض الكلمات عبر القرون)
- الوبر *der/die Fussel* (زغب على الملابس)
- الأوبلاست *der/die Oblast*
- المامبو *der/die Mambo* (الرقصات تميل إلى أداة تعريف المذكر)
- الحفّاث *der/die Python* (بينما تميل الأسماء المنتهية بالنهاية on- إلى أداة تعريف المذكر، إلا أن *Python* يتواجد في نفس فئة الثعبان *die Schlange* المؤنثة)
- السامبا *der/die Samba* (النهاية a- هي أكثر نموذجية للأسماء المؤنثة، ولكن الرقصات تميل إلى أداة تعريف المذكر)
- المريمية *der/die Salbei* (التوابل تميل إلى أداة تعريف المذكر، ولكن النهاية ei- تميل إلى أداة تعريف المؤنث)
- الكرفس *der/die Sellerie* (تميل الخضروات إلى أداة التعريف المذكر، إن كانت لا تنتهي ب e-)

ثم يأتي المزيج بين الجنسين المؤنث والمحايد:

- التمرينات الهوائية *die/das Aerobic*
- الطلب *die App* (طلب التحاق بوظيفة)، التطبيق *das App* (برنامج).
- مشروب الكوكا كولا *die Cola* (في شمال ألمانيا) أو *das Cola* (في النمسا وسويسرا وجنوب ألمانيا).
- الحساء *die/das Consommé* (كلمة مأخوذة من اللغة الفرنسية، ولكنها مختتمة بالنهاية e- وهي ذات صلة بالأسماء المؤنثة).
- البريد الإلكتروني *die Email* (شمال ألمانيا) أو *das Email* (في النمسا وسويسرا وجنوب ألمانيا).

- الصورة الفوتوغرافية *die/das Foto* (إما لأن الاسم الأصلي هو *die Fotografie* أو لأن الأسماء المختتمة بالنهاية o- تميل إلى أن تكون محايدة).
- الضوضاء *die/das Furore* (كلمة مأخوذة من اللغة الإيطالية، وهذا ما يجعلها تميل إلى أداة تعريف المحايد، ولكنها أيضا مختتمة بالنهاية e- التي ترتبط بشكل كبير بالأسماء المؤنثة).
- خدمة الرسالة القصيرة *die/das SMS* (يفضل الألمان أداة تعريف المؤنث، لأن *die SMS* هي مرادف لكلمة الخبر الموجز *die Kurznachricht*، في حين أن النمساويين والسويسريين يفضلون أداة التعريف المحايد *das*، لأن الأسماء المأخوذة من لغات أخرى تميل إلى أن تكون محايدة).
- الترام *die/das Tram* (في معظم أنحاء ألمانيا يبدو أنهم يعتقدون أن الترام اختصار لكلمة *die Trambahn*، وهو ما يجعله مؤنث، ولكن في أجزاء من جنوب ألمانيا وفي سويسرا يعتقدون أن أصله هو كلمة أجنبية *Tramway*، لذا اختاروا أداة تعريف المحايد *das*).

هناك عدد قليل جدًا من الأسماء التي تحمل الأجناس الثلاثة:

- فاصل الكتاب *der, die, das Bookmark*
- الشيء *der, die, das Dingsbums*
- الزبادي *der, die, das Joghurt*
- البريد المزعج *der, die, das Spam*
- المثلث *der, die, das Triangel*

لاحظ أنه في بعض الأحيان تغيير جنس الاسم يغير معناه بالكامل، وفي مثل هذه الحالات يجب معرفة الجنس بدقة. ولحسن الحظ فإن عدد هذه الأسماء نادر جدًا:

- الملحق *der Appendix* (عند الإشارة إلى كتاب)، أو الزائدة الدودية *die Appendix* (عند الإشارة إلى التشريح)
- المجلد *der Band*، الفرقة الموسيقية *die Band*، الشريط *das Band*

- الشلال *der Katarakt*، الساد *die Katarakt*
- طائر الكيوي *der Kiwi*، فاكهة الكيوي *die Kiwi*
- البلورة *der Kristall*، زجاج الكريستال *das Kristall*
- اللاما *der Lama* (الديانة البوذية)، حيوان اللاما *das Lama*
- الرذيلة *das Laster*، الشاحنة *der Laster*
- الصاري *der Mast*، تسمين الحيوانات *die Mast*
- اللحظة *der Moment*، العزم *das Moment*
- البحر *die See*، البحيرة *der See*
- البوابة *das Tor*، الأحمق *der Tor*
- الأجر *der Verdienst*، الفضل *das Verdienst*

تقدمة

أسماء بدون جنس

هناك عدد قليل جدًا من الأسماء التي ليس لها جنس. ويشمل هذا:

- الإيدز *Aids*
- عيد جميع القديسين *Allerheiligen* (وهو الأول من نوفمبر في أوروبا الغربية).

عدم استخدام الجنس النحوي لأن الاسم ليس له جنس ليس مثل معرفة متى تحذف أداة تعريف الأسماء التي لها جنس. ولحسن الحظ، فإن المبادئ التي تحدد حالات حذف أداة التعريف متشابهة بين اللغتين الإنجليزية والألمانية. مثلما يصح القول (أُريد ماء) "I want water" بدون أداة تعريف، كذلك يمكن حذف أداة التعريف "das" قبل كلمة *Wasser* في الألمانية. وينطبق الشيء ذاته لدى استخدام أسماء الجَمْع أو عند التعميم، على سبيل المثال، في عبارة "Wisdom is required" (الحكمة مطلوبة). ولكن عندما نريد أن نكون غاية في الدقة، حينها فقط نضيف أداة التعريف: "The wisdom of Solomon is required" (حكمة سليمان مطلوبة) أو "I want the cold water" (أريد الماء البارد). وينطبق نفس الأمر في الألمانية: تضاف أداة التعريف "ال" (*der* ،*die* ،*das*) للدقة .

الفهرس واختبار الكفاءة

لفكّ شفرة جنس الأسماء الألمانية، نحن بحاجة إلى معرفة نوع الجنس المرتبط بأصناف وأصوات معينة. وبالتالي، يمكن لهذا الفهرس أن يكون بمثابة اختبار ذاتي لقياس كفاءتك. يتطلب كل إدخال الإجابة على السؤال التالي: "ما هو الجنس النحوي الذي ينطبق على هذا ؟"